讀寫生活

好好玩

生活

林彥佑　著

 **推薦序**

閱讀無所不在，書寫俯拾可得

　　任教國中近二十五年，聽見青少年對於書寫文章最大的牢騷是：這個作文題目要寫什麼？

　　這個牢騷反映的是青少年對於書寫主題的無感以及書寫素材的貧乏，明明現世資訊如此發達豐富，為何書寫素材如此貧乏？明明當今網路連結如此便利通達，為何書寫主題如此無感？無所不在的各項資訊環繞四周、唾手可得，卻不知如何使用？俯拾可得的種種材料充斥天地、信手拈來，卻不知如何取用？牢騷滿腹，何以致此？

　　書寫的源頭，來自於閱讀積累與生活有感。如果閱讀底蘊淺薄，那麼書寫的泉源必然枯竭；如果生活感知微弱，那麼書寫的開展必然局限。因此，在

學校課堂內，如何帶領學生透過感知生活的多樣與精采，開闊書寫的廣度與面向；在學校課堂外，如何培養學生透過積累閱讀的質量與多元，厚積書寫的深度與涵養，就成了國語文老師的重要課題。

　　閱讀積累與生活有感，以我看來，後者似乎更是當務之急。

　　若能對於生活中俯拾可得的素材有感，從有感出發，才能促成閱讀胃口大開，一旦胃口有了，那麼閱讀的養分才能入口，有了養分，書寫的泉源才會豐沛，猶如活水源頭，涓滴成河。若能對於周遭無所不在的資訊有感，從有感開始，才能懂得品賞口味，一旦口味懂了，那麼閱讀的味蕾才會舒展，有了味

蕾，書寫的天地才會開闊，彷彿雨露均霑，方寸都是文章。

我認識彥佑老師甚早，知道他對於教育充滿熱情，尤其是對於偏鄉孩子的關注，促使他毅然申請「訪問教師」前往偏鄉服務，試圖將自己對於國語文教學的專業挹注到最需要關注的土地。這幾年來，常見彥佑老師於個人自媒體與報章雜誌發表對於國語文教學的觀察與經驗，往往能提供現場教學工作者許多極為寶貴的閱讀與寫作教學實務技巧。

如今，欣見彥佑老師將自己摸索多年的教學設計與發想集結成冊，此書即從生活有感入手，博採諸多生活隨處可見的文本作為素材，據以開展閱讀理解教學，延伸並結合創意書寫，讓學生能夠從生活中感知無所不在的材料，從閱讀開展俯拾可得的各種可能，不僅創意十足，更緊扣生活情境，堪為「素養導向教與學」的優秀工具書，相信必能提供中小學國語文老師更完整而有系統的教學指引，讓吾輩能在教學現場更游刃有餘地協助學子，擺脫閱讀底蘊淺薄之苦，也扶持學子免於生活感知微弱之病。

衷心推薦。

南投縣爽文國中教師
王政忠

3

自序

這是彥佑的第三本書，在此也先謝謝讀者們的支持，讓我有動力繼續創作下去！在前兩本《翻轉思考：有趣的成語遊戲》、《字遊字在的語文課：和孩子玩文字遊戲》中，彥佑也收到許多朋友的意見交流與教學分享，這些讀者的回饋，都會轉化、反映在這本書的內容中，只因我們都想讓一本教學的書，編排得更好、更具趣味性、更符合師長、孩子所需，更符合「素養導向」的新課綱時代！

為什麼會寫這本書呢？其實一本書的誕生，都反映了作者本身的人格特質。在前兩本書中，許多讀者也發現了，彥佑是一個善於觀察生活的「頑童老師」，所以生活中毫不起眼的一張紙、一滴水、一輛車……等，都可以變成文字教學的素材、成語教學的元素。在前兩本書中，我為師長建立了一套有趣、活化的教學策略，孩子也從中建立

了「寓教於樂」的學習策略；相輔相成之下，讓語文的教、語文的學，變得更容易親近了。

這本書，延續著這樣的理念，更將語文的學習從「文字、成語」再擴展到「閱讀」。在十三篇不同主題的閱讀中，又穿插著部分文字、成語的練習；讓每一個章節的趣味化學習，都符應了語文學習的內涵，達到素養導向的目的。那麼，這些閱讀的素材是怎麼來的呢？答案很簡單，這些都是彥佑在課堂上的教學經驗；平常在教學上累積了十多種、上百種的閱讀案例，這本書更是取其精華編纂出來。

這十三篇閱讀素材，是經過資料蒐集、轉化、課堂實踐、師生回饋、滾動修正之後，所呈現最完美的篇章。由於學校規模的屬性不同、班級人數的差異、學生學習成效的落差……等，固然在同一套教材上有難易之差，但本書力

求符合多數師長、孩子的需求；若覺得稍難，則待師長引導，因為孩子具有無限的潛能；若覺得稍簡單，則可協助孩子建立自信，師長亦可以活用自身的經驗，帶孩子伸展跳躍學習。

總之，這本書的誕生，彥佑相當開心，也讓自己在教學上充滿自信。一本書的付梓，絕非易事，它必定經歷了許多難關，例如，「糟糕！好久都沒有靈感了怎麼辦!!」、「哎！懶懶的，真不想動筆、打字！」、「天呀！今天孩子的作業這麼多，看來又沒時間寫稿子了!!」、「明天有老師要來觀課，今天應該沒有餘力寫書了！」、「進度落後了，唉！明天再說啦！」、「這個到底該怎麼設計呢？會不會不符合課程內容呢？」、「這樣的紙本呈現，有辦法傳達給所有的讀者嗎？」……種種的「難關」，總算一一克服了！謝謝自己、謝謝家人、謝謝朋友、謝謝聯經出版公司製作本書的夥伴們，特別是當初找我寫書的前主編惠鈴和不斷提供我書寫方向的編輯倩廷，還有謝謝願意支持彥佑的每一個人。

這些對於自我成長的感謝、對於生命書寫的感謝、對於協助本書出版的感謝，希望所有讀者都能夠感受到！也唯有大家的支持與肯定，才能讓這本書，華麗登場，熱情出爐！

林彥佑

目次

第一章：讀寫培養文本力

第二章：讀寫激發創造力

第三章：讀寫開闊生活力

如何使用這本書

　　每一道料理，都有它的作法；每一個地景風貌，都有故事介紹；同樣的，一本好的教學用書，也會有它的使用方法，以利教師、家長、孩子共同操作，達到事半功倍之效。

　　這本書共有十三個單元，分成三大篇章，分別為「讀寫培養文本力」、「讀寫激發創造力」、「讀寫開闊生活力」。每一個章節，都有各自要培養的素養能力；每一個單元都獨立成篇，大家可以依照自己喜歡的主題，選擇閱讀、操作的單元。

　　這本書每一個小單元，各分成十個小標題，包括：

❶ **讀到了什麼訊息？**

內容主要是以照片、圖片的方式來呈現這個單元的大致輪廓，讀者可以立刻聯想到此單元究竟要玩什麼。當讀者心裡有了「圖像」，對於操作便會更有感。

❷ **課程引導**

除了上述圖像的介紹，在課程引導的文字部分，會帶領讀者操作，並提供理念，讓讀者進一步了解設計此一單元的動機和目標。

❸ **學生怎麼自主學習呢？**

新課綱講究「自主學習／自學」；因此，本書特別編寫「自學步驟」，讓孩子自己在家、在學校學習時，可以自行閱讀文字步驟，進行獨立思考與習寫。

❹ **如何親子共學呢？**

有家長陪伴的學習，對孩子的成長而言，絕對有正向幫助。本書除了可供教師做為課堂上的參考，同時也是一本親子共學、親子共讀的好書，讓大小朋友，一起沉浸在語文素養的世界中。

❺ **我們的課堂風景**

這部分呈現了彥佑與孩子互動的點點滴滴；當教師、家長運用這本書，帶領孩子實踐活動時，也可以比照看看，你們的互動和彥佑的學生，是否有類似的情況？或是，有什麼不同呢？

❻ 語文可以怎麼學？

在這個部分，主要是告訴讀者，除了本單元的內容之外，還可以延伸到哪些語文的教與學。本書設定為「閱讀」，然而，語文的學習，尚包括了「聆聽、說話、語詞、識字寫字」……等，這些能力都呈現在此一內容中，希望讓孩子能夠有全方位的學習。

❼ 寫作小方塊

無論是教學現場的教師或是在家陪伴孩子學習的家長，多少都經歷過不知如何鼓勵孩子寫作的挫折，也常感嘆孩子寫作能力的低落。因此，本書特別編寫此一小單元，希望透過這個單元，為教師、家長指引方向，也讓孩子不再排斥寫作，希冀能為寫作天地，盡一份心力。

❽ 延伸課程

除了每一單元均有最主要的閱讀主軸之外；本書也特別編寫延伸課程，以利讀者能夠更廣泛地學習，甚至可以依照自己的興趣、專長，再延伸、融入於各領域和新課綱的十九項議題。

❾ 愛的小叮嚀

各個單元在運用上，皆會遇到不同的情形，本書特別分享「愛的小叮嚀」，提醒一些需要特別留意的地方，希望讓學習的效果最大化。每個班級、每個學生所遇到的問題均不相同，您在實踐之後，也歡迎分享您的「小叮嚀」給其他讀者喔！

❿ 實地演練

每個單元的後面，皆附有該主題的學習單，教師、家長可以讓孩子練習，甚至也可以自己開發適合孩子的學習單。孩子自主學習時，也可以透過學習單，來檢測自己的學習成效喔！

這本書的使用方法，除了紙本練習，也鼓勵讀者以本書的內容為參考基礎，研發電子互動教材、延伸不同面向與不同層次的學習案例。若在本書使用上，遇到困難，也可以與作者聯絡喔！

第 1 章

讀寫培養
文本力

生活中，有很多技能都需要閱讀能力，例如，搭車需要理解車票上的內容、買東西要讀懂店家招牌等。在生活中，師長可以引導孩子多留意生活周遭的事物，小至一朵花，大至整個天際。現今新課綱的課程與素養導向的教學、評量，不也是希望大小朋友，都可以關心生活，在生活中培養解決問題的能力嗎？

　　在第一章，我們將可以看到，車票原來隱含這麼多細節、表格也可以轉換成讀寫課程、招牌也可以多麼讓人會心一笑……生活中，處處是學問，我們就來「玩中學」吧！

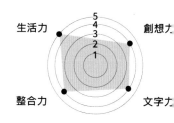

No.1 讀車票

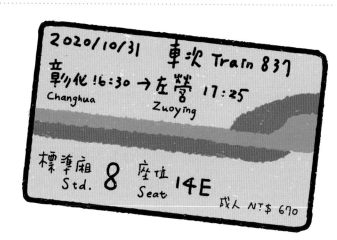

 課程引導

　　如果各位師長有關心「閱讀界」的話，大概會發現，這幾年來，教育部積極推動閱讀教育、閱讀理解、閱讀素養，也因此，在閱讀教育上（包含寫作教育），有著很大的變革。就以「閱讀文本」來說，以前的文本，大多是一篇文章，接著搭配幾題選擇題來檢測學生的閱讀成效。但現在的文本，已經越來越廣了，包括本單元所提的車票，或是流程圖、地圖、廣告單、菜單，都可以成為閱讀的一部分。

　　所以，身為師長的我們，不要小看一張車票，其實車票上面有一些資訊是我們不見得清楚的；但矛盾的是，有時候，即使資訊不清楚，我們也未必會去弄清楚它的意思。當然，車票，就是要讓我們乘車用的，只要能看清楚主要的資訊就足夠了。但是如果從「閱讀車票」的概念出發，每一個所記載的訊息，都很有趣，都是閱讀與推論的素材，也都可以延伸出不同的想法喔！

 ## 學生怎麼自主學習呢？

1
請小朋友找一張家裡的車票。

→

2
找到車票之後，先看看車票上有哪些資訊。

→

3
請試著把車票上的資訊說出來。

4
如果有看不懂的，可以先猜看看可能是什麼？

→

5
可以再找另一張車票、機票、船票……等。

→

6
請將不同的車票／船票等拿出來比較一下。

7
請試著說說看，它們的異同點為何？

→

8
請思考看看，這些車票的資訊夠明確嗎？

 ## 如何親子共學呢？

1
請師長引導孩子一起看車票。

→

2
帶著孩子認識車票上的資訊。

→

3
帶著孩子，說說看，每一個票面資訊所代表的意思？

4
請試著讓孩子實際運用電腦來訂票，並留意要輸入哪些資訊。

→

5
詢問孩子，為什麼要先訂車票？訂票平臺是否會有哪些優惠措施，鼓勵民眾提早訂票呢？

6
請引導孩子，詢問哪些地方可以取票呢？

→

7
再進一步詢問孩子，如果不取實體車票，用手機取票有沒有哪些安全考量呢？

我們的課堂風景

有一屆，我帶著孩子自行規劃旅程，到高雄市區小旅行，地點包括高雄市總圖、愛河、百貨公司⋯⋯等，最後再搭火車到橋頭；我請孩子規劃，該怎麼走，才能最省時又便利呢？

特別是從高雄到橋頭這一帶，當時還沒有捷運，我們只能用買車票、搭火車的方式抵達橋頭。印象很深的是，我請一位四年級的小朋友，去向票務人員買票，但小朋友竟然回答我：「老師，我不會買票。」而另一位則說：「老師，我會買票，但我不敢買⋯⋯」諸如此類，都讓我覺得很不可思議。

最後，買了票、大家都拿到票之後，先不急著搭車，我請全班在大廳等候，「我們一起來讀車票。」我請孩子說說看，在這張車票上，看到哪些訊息？孩子回答：「我看到有區間車」、「我看到價錢」、「我看到時間」、「我看到地點」、「我看到很多小小的數字」⋯⋯等。我繼續問，那這張車票如果過期可以再搭嗎？那這張票可以給大人搭嗎？

我們到達的時間是什麼時候？⋯⋯，我讓孩子對這張車票先有感，再引導到不同的閱讀面向。

之後我讓孩子用更完整的話，來呈現車票的內容，所以孩子的回答變成：「這張票上有日期，所以可以提醒我們要在哪一天搭車」、「這張票上有時間，所以我們要在這個時間搭車」、「這張票是用信用卡買的」、「這張票的出發點和終點站分別是高雄和橋頭」、「這張是團體票」。孩子除了「眼睛讀訊息」之外，還學會「完整說出來」。

瞭解這些資訊之後，我提醒孩子，在生活中看到的任何一張紙、一個廣告招牌，甚至是一棵樹、一片彩霞，只要用心去看，多一點觀察與思考，一定可以看到別人看不到的東西。而「閱讀」就是如此，它已不再是單純的文字閱讀，而是延伸到生活中的各式閱讀。

搭車的時間到了，我們魚貫進入月臺、車廂，我們的旅程，正要開始⋯⋯

 語文可以怎麼學？

① 師長可以帶著小朋友，除了閱讀車票，讀出訊息之外，也可以試著引導孩子「說出來」。

② 師長可以請小朋友依照車票的內容，另外寫一張「條列式」的完整資訊。如依項次分別填寫，如右圖。

③ 師長可以請小朋友延伸閱讀和車票相關的書籍、文章，例如：李家同的〈車票〉、劉旭恭的《車票去哪裡了》……等。

④ 師長可以參考李家同教授的文章，帶小朋友寫出一篇關於「車票」的故事。

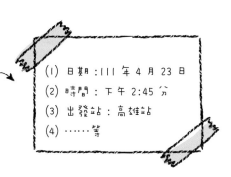

(1) 日期：111 年 4 月 23 日

(2) 時間：下午 2:45 分

(3) 出發站：高雄站

(4) ……等

寫作小方塊

① 承上，師長可以藉由不同的車票，以六何法的方式，帶出 5W1H，並延伸到短文寫作。

WHO 這張車票是誰買的？是誰要搭的？要搭去見誰？和誰一起搭？這些人，對你的生命有什麼重大的意義呢？

_____

_____

WHAT 買這張車票有什麼故事嗎？這個故事有什麼重要的、感人的、讓你刻骨銘心的地方嗎？

_____

_____

WHEN　什麼時候買這張票的？車票上面的時間與日期是什麼時候？
這張車票，讓你回憶起什麼時候的往事？

_____

_____

WHERE　這張車票在哪裡買的？它的起始站和終點站各是哪裡呢？這張車票，讓你
聯想到哪些相關的地點？

_____

_____

WHY　為什麼要買這張車票呢？如果沒買這張車票會怎樣？

_____

_____

HOW　用什麼方式拿到這張車票呢？買到這張票的心情是怎樣的？想像一下搭
到目的地時，心情又會是如何？

_____

_____

❷ 如果師長有帶小朋友買票、一起搭車出遊的經驗，也可以請小朋友撰寫一篇遊記。

_____

_____

延伸課程

① 車票設計師

(1) 師長可以讓每一位小朋友自行設計「車票」；小朋友必須具備「車票基本知能」，方能設計出完整的車票。可以請小朋友先說說看，一張車票，至少要載明哪些主要、次要資訊呢？

(2) 除了基本資訊已列出之外，可以請小朋友自行設計不同的樣式，如海洋、樹木造型、葡萄造型。

(3) 臺灣有許多特色鄉鎮，例如：新北平溪的天燈、屏東東港黑鮪魚、屏東林邊黑珍珠，可以請小朋友試著以這些意象，設計出含有此元素的車票。師長也可以進一步引導孩子認識臺灣的鄉鎮區特產喔！

(4) 師長可以請小朋友再設計出更大張的車票，作為教室布置用，亦可讓學生上臺發表創作理念。

② 平安車票

師長可以補充一些有代表性的車票，例如：臺南永康到保安，結合起來便是「永保安康」。請小朋友再想想看，還有哪些有意思的組合呢？師長也可以展示臺灣地圖，讓孩子對車站的地理位置更有概念。

③ 車票大觀園

師長可以請小朋友帶家裡的各種交通票據，彼此分享。

愛的小叮嚀

1、不同的公司會針對車票訂出本國籍、外國籍、優惠票……等不同的價格，提醒小朋友在買票時，要遵守相關規定，以免觸法。

2、對於車票上或是口語表達的時間，需要清楚表述，例如：「八點十分的票」，是指「上午」或「下午」，需要清楚敘明。

3、若小朋友沒有買票的經驗，或是沒有看過車票，師長可以透過網路，帶著小朋友親自操作。

實地演練 閱讀一趟旅程

臺灣鐵路局
2020.07.17　　　127次
全票　　　　　　自強(普悠瑪)
高雄-臺中-區間　　15:10開
臺中　　6車25號
▼　　　　CA
高雄　　17:06到
AP
NT$490
限當日當次車有效
訂刷[0200]票
M000031992I-7038
3230-1195-0717:36

2020/10/31　　　車次 Train 837
彰化 16:30 → 左營 17:25
Changhua　　　　Zuoying
標準廂　8　座位　14E
Std.　　Seat
成人 NT$ 670

小朋友，平常你喜歡搭公車、搭火車、搭捷運……等交通運輸工具嗎？雖然我們現在已經很習慣直接拿著手機或卡片載具，「嗶」一下就上車。但是，你知道嗎？現在很多的紙票或卡票，也有很多訊息，值得我們細細品讀喔！

小朋友，請你仔細觀察一下，在這兩張票卡中，你發現了什麼？

1	我發現，兩張票的目的地都在高雄。左邊是高雄站；右邊是左營站，而左營也在高雄。
2	
3	
4	
5	

第二關

請在這兩張車票中，歸納出相同的項目資訊。

例：這兩張票，都有：日期、車次。

_____ 、_____ 、_____ 、

_____ 、_____ 、_____ 、

_____ 、_____ 、_____ 。

我還看到這兩張票有不同的地方：

例：左邊的車票是直式的，右邊的車票是橫式的。

你覺得，對一個乘客來說，哪些項目資訊是需要提供的？而哪些是可有可無的呢？

需要提供	可有可無的
時間	車次

第三關

如果你是一位設計車票的美術師，你想怎麼設計車票呢？除了發揮想像力來設計之外，也請記得要在車票上標註需要提供的資訊，否則乘客無法識別喔！

隨手筆記

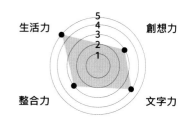

No.2 讀招牌

課程引導

　　走在馬路上，除了注意車輛的往來，你是否曾帶著孩子一起留意、閱讀商家的「廣告招牌」呢？這些廣告招牌的文字，看起來就和一般的文字沒有兩樣，但是，如果我們再仔細看，你會發現，有的文字是由不同字體所寫成的、有的具有藝術效果、有的文字寓含著特殊涵義、有的商家招牌運用了一些修辭技巧、有的招牌更充滿創意而讓你會心一笑……諸如此類。下次，可以試著帶孩子，一起走在街道上，仔細「閱讀」有趣的廣告招牌！當然，可別忘了自身的安全喔！

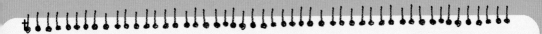

學生怎麼自主學習呢？

1
請小朋友選一條充滿廣告招牌的街道。
→
2
請小朋友在安全的環境下，查看街道上的廣告招牌。
→
3
請小朋友先說說看，看到哪些廣告招牌？

4
請小朋友說說看，有沒有看到「很有特色」的廣告招牌？（包括字體、文字意思、招牌顏色……等）
→
5
請小朋友說說看，有沒有「四個字」的廣告招牌？是成語嗎？四字語詞嗎？還是有什麼趣味性？
→
6
請小朋友再想想看，有沒有看不懂在賣什麼的廣告招牌？

如何親子共學呢？

1
師長可以引導孩子先從一個廣告招牌來學習
→
2
引導孩子說說看，這些廣告招牌有什麼特色？
→
3
請師長說說看，孩子在自學時，學到了什麼？

4
再請孩子思考看看，為什麼需要廣告招牌呢？
→
5
請孩子思考一下，如果自己想要賣「衣服」，可以設計怎樣的廣告招牌？

6
上網瀏覽看看，其他民眾上傳或分享的有趣廣告招牌用字。
→
7
撥空帶著孩子到路上，實際觀察廣告招牌。

我們的課堂風景

有一次上課，我放了一張我去旅遊的照片，孩子看到了照片中街道上的一個廣告招牌，語帶興奮地說：「老師，那個招牌好有趣喔！」

那個招牌是這樣寫的：「爆走族」；我佩服孩子的觀察力和想像力。我先問孩子，你覺得「爆走族」可能在賣些什麼呢？孩子的答案很多元，有的說，可能是賣「爆米花」吧？有的孩子說，會不會是「理髮店——專門燙爆炸頭」的；有的孩子說，會不會是「賣鞋子」的，因為有個「走」字。孩子的答案，五花八門，乍聽之下，每一個都很有道理。

我跟孩子說，廣告招牌的設計，原本就沒有標準答案，只要商家覺得可以吸引人、可以表達想要販售的產品，那就是他們的自由了。但是，我們可以從觀察者與學習者的角色去思考：「廣告招牌的內容有沒有符合店家想傳達的商品資訊」、「招牌的用字遣詞能不能吸引人」、「招牌的文字呈現，有沒有趣味性」，或者說，從國語課或閱讀課來看——「這些招牌，讓你們學到了什麼語文？」

接著，我在黑板上寫下「無心插柳」，請小朋友說說看，這家店可能賣什麼東西呢？我再次寫著「羊名天下」，再請小朋友想想看，這家店又有可能賣什麼呢？以及「轟進停車場」中的「轟進」，又代表什麼意思呢？

等到孩子都知道廣告招牌的用意之後，我們進行小組課程，我給了幾種想販賣的商品，讓他們發揮創意，完成招牌！孩子紛紛說，這堂課真有趣，以前只是被動地看別人的招牌，如今也成了一位創作者，儼然成了商店的老闆呀！

語文可以怎麼學？

1. 師長可以蒐集許多廣告招牌的照片，讓孩子觀察、學習。如果孩子不太了解招牌文字所呈現的意思，師長可以稍加引導。

2. 師長可以介紹幾種常見的招牌範例，包括：

    (1) 以「注音符號」呈現的招牌。

    (2) 以「三疊字」呈現的招牌。

    (3) 以「雙關」呈現的招牌。

    (4) 以「諧音」呈現的招牌。

    (5) 以「成語／四字語詞」呈現的招牌。

    (6) 以「詩詞」呈現的招牌。

    (7) 以「圖像」呈現的招牌。

    (8) 不需文、圖，只有意象，便知道是什麼商家的招牌，特別是連鎖店、知名品牌店。

3. 師長可以引導孩子，自行設計出廣告招牌。

 ## 寫作小方塊

1. 請小朋友設計一個「創意招牌」，內容需包括幾個要項：

    (1) 想販售、服務的商品是什麼？

    (2) 想設計怎樣的創意招牌？

    (3) 設計理念——為什麼想要這樣設計？

    (4) 品牌故事——編寫出 100 字關於這家店的經歷、故事。

    (5) 試著以圖文的方式，親自設計。

    (6) 可運用色彩，搭配小圖示。

延伸課程

1. 師長可以蒐集大家的作品，讓全班一起來猜。
2. 學校的園遊會，或是自己的社區，如果有擺攤活動，也可以嘗試在自己的攤位前，掛置自行設計的廣告招牌。
3. 某一家賣鮮花的，招牌寫著「花花世界」；想想看，如果是你，你想設計什麼招牌名稱呢？
4. 師長可以再進一步引導，如何讓招牌更顯眼、更吸引他人的目光。
5. 師長可以再進一步引導，廣告招牌如何訂製尺寸、美編、接洽、售價等怎麼處理。
6. 師長可以帶著小朋友，親自到某個店家，問問看，為什麼想要這樣設計招牌呢？

1、請小朋友在街道上看廣告招牌時，務必要留意來往的車輛。
2、設計廣告招牌時，要注意文字當中的「字形」、「字音」、「字義」，才不會偏離課程精神。
3、廣告招牌的設計中，請留意不要有人身攻擊或是出現負面的字詞。
4、有些招牌為了要吸引人，會有錯字或別字，所以小朋友未來寫文句時，千萬要留意其正確性。

隨手筆記

文字廣告設計師

實地演練

小朋友，你們走在馬路上時，是否曾留意過廣告招牌呢？
有一些廣告招牌設計得很有趣，下次，一邊走路時，也別
忘了看看身旁的招牌喔！（同時也要注意交通安全）

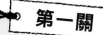 看看這四張廣告招牌的照片，你初步判斷，它可能在販售、經營什麼東西呢？為什麼？

	招牌	我覺得它賣……	為什麼？
1	搖身衣變		
2	爆走族		
3	吸引力		
4	轟進來		

 第二關

看看上面這張「轟進來」廣告招牌，它出現了有趣的「三疊字」（三個部件一樣，堆疊成一個字），你知道的三疊字還有哪些？寫寫看，越多越好喔！

蟲　　犇

如果你是一個店家老闆，現在要請你根據所販賣的東西，來設計招牌名稱，你會怎麼設計呢？

	老闆想開……店	招牌名稱	設計理念
1	茶飲	煎茶院（音似監察院）	
2	蛋糕、餅乾		
3	算命、卜卦		
4	理髮廳		
5			
6			
7			

第四關

現在，請小朋友來設計兩個廣告招牌。除了店家的名字，也可以補充
一些相關的資訊，如販售的物品、電話……等；文字也可以稍微設計
一下，看起來會更有美感喔！

No.3 讀表格

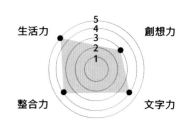

生活力　創想力
整合力　文字力

✏️ 課程引導

　　只要留意生活周遭，大家應該不難發現有各式各樣的「表格」；表格呈現出來的，大多是文字、數字、符號，所以它可能含括了語文的閱讀，以及數學的數字理解，甚至是整體的思考判斷。所以，廣義地來説，「表格閱讀」也是一種需要動腦思考的閱讀能力喔！因此，師長可以試著引導小朋友，當下次看到廣告、文宣、食品、表單、收據、時刻表……時，上面如果印有表格的話，記得仔細閱讀，看看表格想傳遞什麼訊息給大家！

學生怎麼自主學習呢？

1
請小朋友選一個表格來讀，如市面上食品的「營養標示」。 →

2
請先想想看，這個表格想傳達什麼？ →

3
請先説説看，看到了表格的哪些向度？例如：熱量……等。

4
請再説説看，除了向度，還看到表格哪些內容？ →

5
請試著説説看，表格的內容想告訴我們什麼？ →

6
請再想想看，可能在什麼情境會用到這個表格？

7
請再瀏覽一下，除了表格裡面的內容，在表格的外面，還看到哪些延伸的資訊？ →

8
判斷一下，所延伸出來的資訊，和表格是否有相關連呢？

 ## 如何親子共學呢？

1
請師長向孩子提醒，除了表格中的文字之外，表格的設計也是很重要的。 →

2
請引導孩子説説看，如果沒有這些內容，會影響到整體嗎？

3
請引導孩子説説看，表格在這個情境中，有什麼作用？表格的重點可能是什麼？ →

4
請引導孩子試著設計看看，如果你是「製表」的人，你會怎麼設計？

5
請孩子再找出其他表格，歸納出表格有哪些共通性？ →

6
可以上網找相關的「表格」資料，讓孩子深入學習。

我們的課堂風景

那一堂課，我很神祕地帶出幾張教材，包括火車時刻表，一張手機費率與公司的比較，還有一瓶豆漿，上面有著密密麻麻的文字，最後再拿出孩子參考書上面的某一頁……

孩子不知道我這堂課要做什麼？我請孩子仔細地觀察，慢慢引導之後，他們終於說出了：「老師！我知道！這些教材上面都有『表格』！」沒錯，這堂課，我要引導孩子認識表格的重要性。

其實，表格在我們日常占了很大的比重，只是在孩子學習的過程中，他們很少自行運用表格來整理、歸納、書寫。簡單來講，孩子現在所接觸到的表格，大多是數學課本中已經整理好的表格，或是參考書上面所彙整好的表格，諸如：比較與歸納，或是法條的比較、國學常識的彙整……等，對於表格的作用或進一步的理解，以及手畫表格，似乎是比較有難度的。

於是，我先帶孩子看其中一個表格，內容有「營養標示、每份、每 100 毫升、其他成分」的向度，還有「熱量、蛋白質、脂肪、膽固醇……」的細目，當然也包括了一些數字。我先詢問孩子：「你們覺得為什麼要標示這些東西？」孩子躍躍欲試，說著：「因為這樣才知道我們吃進什麼東西」、「因為用表格可以更簡化」、「如果把裡面的成分都用文字寫出來，像作文一樣，要看很久」、「用表格可以幫助我們更清楚掌握重點」。沒錯，孩子說的都很好——表格，就是簡單扼要的表述方式。

想想看，如果做成表格反而很複雜的話，那還需要大費周章來整理嗎？

於是，我搭配新課綱的自學理念，開始進行小組自主學習與溝通互動；我給孩子火車時刻表，讓他們說說看，這張時刻表包括了哪些訊息？接著，再給了他們各種飲料的比較表，請孩子說說看，哪一項飲料感覺比較健康呢？最後，我再請孩子以簡單的文字創作，用簡單、完整、通順的語句，來呈現表格的訊息。

語文可以怎麼學？

① 師長可以蒐集許多表格，讓小朋友觀察、學習。如果小朋友不太了解表格所呈現的意思，師長可以稍加引導。

② 師長可以和小朋友互動，詢問看過的表格有哪些？（以下為教師備課及學生書寫呈現的內容）

    (1) 以「時刻表」方式呈現的表格。

    (2) 以「單價和總價」呈現的表格。

    (3) 以「各縣市人口數」呈現的表格。

    (4) 以「各國家新冠狀病毒確診、死亡人數」呈現的表格。

    (5) 以「地區和天氣狀況」呈現的表格。

    (6) 以「姓名、座號、日常表現」呈現的表格。

    (7) 以「科目、成績、等第」呈現的表格。

    (8) 以「俄羅斯、烏克蘭的軍事力量」呈現的表格。

③ 師長可以引導小朋友，自行設計一個表格。

④ 除了表格之外，也可以簡單用文字敘寫，說明表格名稱與內涵。

⑤ 請小朋友用口語表達的方式，解說表格的內容。

✎ 寫作小方塊

❶ 請小朋友找一個表格，內容需包括幾個要項：

(1) 表格名稱。

(2) 表格向度。

(3) 表格內文字或數字。

(4) 必要時需標註「單位」。

❷ 教師可以引導小朋友，從表格延伸出文字敘述。

例如：「從這個表格中，還有一些文字敘述，可以很清楚地看到，如果有足夠蛋白質的話，將可以增強人體的免疫力；如果缺少蛋白質的話，則會讓人體弱多病……」

❸ 從表格中，可以引導出多種寫作模式。

(1) 第一種為客觀的表格文字、數字敘述說明。

(2) 第二種為主觀的文字敘述，帶進個人感受。

(3) 第三種亦為主觀的文字敘述，從感受再延伸至個人想法。

延伸課程

1. 師長可以將小朋友所完成的「表格」與「主題」，羅列出來，再讓學生配對。例如有「站名與時間」（主題和交通運輸有關）、「單價與數量」（主題和買賣交易有關）、「國語和 95 分」（主題和學習表現有關）、「3 號和陳小明」（主題和學生資料有關）的表格，再讓學生配對屬於哪一個主題。

2. 小朋友可以將自己所寫／所畫的表格，再用彩色筆美編。可以用明顯的顏色，將「向度」與「內容」區分開來。

3. 師長可以將表格內的某些訊息遮住，讓孩子猜猜看原本的訊息可能是什麼。

4. 師長可以將表格內容的某些文字或數字，刻意寫錯或誇大，讓孩子學習辨別真假訊息。

5. 師長可以讓孩子練習「圖文創作」，一張紙摺成左右兩部分，左邊為表格，右邊為短文書寫。

6. 師長可以將學生的圖文創作，讓同儕票選並給予正向激勵。

1、請提醒小朋友在製作表格時，務必要用直尺，才能工整畫出；若不想用直尺，也要能讓表格看起來是舒服的。

2、表格的主題要明確、向度為簡單扼要的語詞、單位要正確、文字或數字也要清楚不出錯。

3、請小朋友多留意身邊看過的表格，再學著運用至不同的表格上。

表格的祕密玄機

如果小朋友多留意的話，會發現，在生活中有很多地方都藏著表格。你可能會覺得很奇怪，為什麼不單純用文字敘述就好了呢？如果我們仔細觀察，長期閱讀的話，你就會發現，表格可以把繁瑣的文字敘述，簡化得更清楚、更易懂。現在，就讓我們開始進入充滿祕密的表格世界吧！

營養標示

每一份量 20 公克
本包裝含 5 份

	每份	每 100 公克		每份	每 100 公克
熱量	83.6 大卡	418 大卡	維生素 A	200 微克 RE	1000 微克 RE
蛋白質	1.6 公克	8 公克	維生素 B1	0.3 毫克	1.4 毫克
脂肪	1.7 公克	8.4 公克	維生素 B2	0.3 毫克	1.6 毫克
飽和脂肪	0.8 公克	4.2 公克	維生素 B6	0.4 毫克	2 毫克
反式脂肪	0 公克	0 公克	維生素 B12	0.6 微克	3 微克
碳水化合物	15.5 公克	77.7 公克	菸鹼素	3.6 微克 NE	18 微克 NE
糖	10.4 公克	51.8 公克	葉酸	80 微克	400 微克
膳食纖維	1.1 公克	5.5 公克			
鈉	40 毫克	200 毫克			

第一關

以上是一張營養標示表格，請你觀察一下，說說看，你發現、觀察到了什麼？

我發現、觀察到了……

1	我以為只會出現國字，沒想到還能看到數字。
2	
3	
4	

其中有一行數字為「熱量、**83.6** 大卡、**418** 大卡」。如果將它們用文字來表達，便是「這種食物的熱量，每份有 **83.6** 大卡，每一百公克有 **418** 大卡。」請你用「蛋白質、脂肪、膳食纖維」一欄的數字，仿照上述的文字敘述，自行練習一次。

蛋白質	這種食物的蛋白質，每份有_____大卡，每一百公克有_____大卡。
脂肪	
膳食纖維	
	這個食物的_____，每份有 10.4 大卡，每一百公克有 51.8 大卡。

小朋友，生活中有哪些情境會看到表格呢？請把它們寫出來。

達的小叮嚀

1、小朋友，請你上網查查看，你現在每天需要攝取的熱量有多少？
你有達到嗎？你的營養攝取均衡嗎？

2、小朋友，下次在吃東西之前，試著看看營養標示，會讓自己吃得
更安心、更健康喔！

3、小朋友，多留意日常生活中出現的表格，能讓你有更多意想不到
的發現哦！

表格不是只有國字、數字相配，有時候，全部都是由國字所組成的喔！
現在，請小朋友試著閱讀以下這段文字，再練習把它們**整理成表格**吧！

　　臺灣，是一個美麗的寶島。從地形來看，我們有平原、丘陵、臺地、高山……等；從氣候來看，大多是涼爽宜居的；如果喜歡吃水果的話，臺灣也有很多水果，像是西瓜、香蕉、蓮霧、芭樂……等。如果喜歡旅遊的話，你知道從基隆到墾丁，大概多少公里嗎？大概有近五百公里喔！臺灣也有很多引以為傲的自然景點，例如，太魯閣、阿里山、日月潭、陽明山，還有極知名的人文景點，像是故宮、101 大樓、安平古堡、鹿港古蹟。提起美食，更是令人忍不住食指大動，比方說，蚵仔煎、臭豆腐、珍珠奶茶、肉燥飯……等。哇！這麼豐富的臺灣，果真是一塊寶地呀！

現在，請小朋友把上述這篇文章，整理成一個表格吧！

分類項目	文章內容
地形	
氣候	
	西瓜、香蕉、蓮霧、芭樂
	近五百公里
	日月潭、陽明山、安平古堡、鹿港古蹟
	蚵仔煎、臭豆腐、＿＿＿＿＿＿、＿＿＿＿＿＿

　　有了表格的歸納之後，是不是把訊息呈現得更清楚了呢？下次，如果遇到文字量比較大，或是分類項目比較清楚的文章，都可以試著用表格的方式來整理喔！

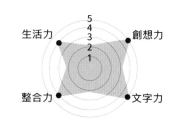

No. 4　讀報紙

🖊 課程引導

　　資訊時代來臨，電子書、電子媒體興起之際，不論是身為師長的我們，或是我們所帶領的孩子，都可以先問問彼此：「究竟多久沒有讀報紙了呢？」我們常說：「閱讀是一切學習的基礎。」而最簡單的閱讀方式，莫過於「讀報」了。不要小看一份報紙，其實它包羅萬象，涵蓋了許多領域，包括時事新聞、社會、政治、經濟、影視、英文、生活、文化、教育、體育、廣告、論壇……等。身為師長的我們，只要好好帶著孩子讀報、學習讀報的策略，相信一定能讓孩子收穫滿滿！當然，每個孩子都有喜愛閱讀的報紙或是版面，只要善加選擇，也一定能讓他們的知識更飽滿。那麼，一份報紙這麼多元，我們該如何引導孩子閱讀呢？

 ## 學生怎麼自主學習呢？

1
請小朋友選一個喜歡的報紙版面。 →

2
請先想想看，為什麼喜歡這個版面呢？ →

3
請先看看報紙的上方，它寫了什麼版面名稱？

4
請試著想想看，這個版面的名稱是什麼意思？和內文有沒有相關？ →

5
請看一下這個版面的配置，觀察到了什麼？

6
請說說看，這個版面給你什麼感覺呢？ →

7
請重複這些步驟，再看看不同的版面。

 ## 如何親子共學呢？

1
請師長引導孩子選一個適合學習的版面。 →

2
請引導孩子說說看，所選取的版面名稱是什麼？

3
請師長引導孩子找版面裡的新聞或文章，以及圖片或照片，確認看看和自己的理解是否差不多？ →

4
帶著孩子想想看，這些新聞、文章、圖片或照片，放在這個版面是否合適呢？

5
請師長陪著孩子一起找一則喜歡的報導，來閱讀吧！ →

6
師長可以引導孩子，利用資訊媒體，深入查找詳細的新聞或有興趣的主題。 →

7
師長可以引導孩子，討論何謂「媒體素養」與「新聞倫理」。

我們的課堂風景

　　我自己是一個喜歡讀報紙的人，招指一算，這樣讀報紙的歲月，也快二十年了。對我來說，讀報不只增廣見聞，更可以讓自己的心靜下來，如果可以再做些筆記、書寫眉批，對於自己的思考與寫作、口語能力，都有顯著的提升。

　　秉持這樣的理念，我把讀報習慣，在班級裡推動，只要是我帶過的班級，幾乎都有讀報的經驗；當然，讀報不只是讀報，它已經成為寫作的基礎、口語表達的素材，更成為孩子「打發時間」的課程活動之一了。

　　讀報，不是單純地把報紙發下去、傳下去而已，它有很多內涵可以推動。這一學期，我在班上推動了「兒童版」和「國際版」；前者對於孩子的寫作能力有顯著的提升效果，因為兒童版的文章，就是全臺灣孩子的作文投稿錄取作品，其水準自然可見一斑，而孩子每天讀這些優良的作品，當然可以提升寫作

能力，甚至口語表達與思考能力。後者則是對於孩子的世界觀很有幫助；在我還沒有推動國際版之前，我發現有些孩子對於世界是沒什麼概念的，但當我逐步推動之後，孩子慢慢知道世界各洲的位置、知道一些大城市屬於哪個國家、知道某些城市或國家的位置，甚至還期待每天的讀報時間，並且還希望我可以買一個地球儀放在教室……

　　讀報的效果是慢慢累積的。每天早上早自習時間，我會請孩子閱讀十分鐘的兒童版文章，此時，每位同學都極為專注、安靜地閱讀；看完之後，我會徵求想表達的小朋友，發表一下自己的想法或類似的生活經驗。有時，我也會針對孩子的分享，給予回饋；總之，透過讀報，除了增加孩子的閱讀量，也增進了師生的互動。

　　當孩子讀完報紙之後，我不急著收回來，因為只有十分鐘的零碎時間，一

旦收回來、明天再發去，或多或少都會耽誤到孩子的讀報時間；因此，我選擇讓孩子自己保管。隔天同樣的早自習時間，我再發號施令：「交換！」孩子便知道如何傳遞報紙，很快地就進入閱讀的狀態。

不要小看每天十分鐘的讀報，假設十分鐘可以讀到三篇文章，一個星期就可以讀到十五篇文章，一個月就可以讀到六十篇文章，而一個學期，大概可以讀到兩百五十篇了。讀報，就是一種累積的工夫，當孩子讀了兩百多篇文章之後，你可以想見，他們的作文能力，也勢必會提升！

 語文可以怎麼學？

❶ 師長帶全班共讀一篇文章，用各種閱讀策略，引導小朋友深入學習。

❷ 師長讓小朋友自由分享所看到的文章，說說自己的想法或生活經驗。

❸ 師長可以引導小朋友剪報，剪下一篇文章，貼在紙上，並寫下好詞、造句、心得、大意、簡單插畫……等。

❹ 師長可以請小朋友準備一本小冊子，隨時記錄文章裡優美的詞句，累積寫作的能力。

❺ 師長可以引導小朋友，寫下評論、自己的觀點，練習闡述看法。

❻ 師長可以設計「**與作者有約**」的活動，假設報紙文章的作者就在教室裡，小朋友想提出哪些問題呢？

寫作小方塊

❶ 請師長準備報紙文章裡的短句，供學生練習仿寫，增進寫作能力。例如，假設提供的短句為：「閱讀可以開啟智慧之門，進入美麗的書香世界。」而孩子創作出來的句子，可能是：

(1)「交友可以開啟人際之門，進入合群的友誼世界。」

(2)「電腦可以開啟資料之門，進入未知的探索世界。」

教師可以透過各種獎勵方式，引導學生愛上寫作。

❷ 倘若孩子閱讀的是「國際版」的文章，師長可以試著找一個寫作題目，讓孩子學習將「國際事件」、「國際新聞」、「國際話題」等融入在寫作中，增加寫作的深度與廣度。

❸ 師長可以讓孩子設計一張報紙版面，並試著構思看看，一個完整的版面，可能需要包括什麼？引導孩子說出：「版面名稱（數字）、大標題、中標題、小標題、報導文字、記者名字、報導地點、圖片或照片、拍攝人、圖片或照片敘述……等」。

延伸課程

❶ 班刊製作

(1) 可以讓全班構思，倘若要製作班刊，可以編進哪些主題。

(2) 可以將全班分組，每一組每個月要產出班刊。

(3) 除了紙本班刊之外，也可以製作成電子報，讓家長知道班級大小事。

❷ 我是播報員

(1) 教師可以訓練學生「朗讀」；而播報員除了具有「朗讀」的技巧之外，還需要有記者、主播的架勢；教師也可以利用時間，讓學生收看新聞，讓孩子知道如何播報新聞。

(2) 當學生有了基本概念之後，便可以試著拿一篇新聞文章，讓學生去讀，若行有餘力，可以要求咬字發音、抑揚頓挫、輕重緩急。

❸ 有獎徵答

(1) 請學生把近期（約一星期內）讀過的報紙找出來，教師針對這些報紙來進行有獎徵答活動。

(2) 有獎徵答的題目，除了老師設計之外，也可以交由小朋友來設計。

(3) 除了口頭搶答之外，還可以設計類似摸彩箱的方式，在固定的時間內將正確答案寫在摸彩券上，再公開抽獎。

1、報紙很脆弱，常常傳閱，便會破損；雖然報紙脆弱，其邊邊角角也可能割傷小手喔！不可不慎！

2、如果班級沒有報紙，可以嘗試申請讀報的相關推動計畫。

3、要提升班級的寫作力，密集且長期地閱讀「兒童文章」、「散文」，可以快速提升寫作力。

4、每個版面都有值得學習、吸收之處，不要只讀某幾個版面，容易造成閱讀偏食。

5、報紙可視為「公共財」，要切記，不能亂塗鴉或亂割剪喔！

五臟俱全的報紙

\實地演練\

小朋友，你平常會看報紙或讀報紙嗎？看報紙，指的是瀏覽、快速翻閱，能夠初步掌握報導內容。而讀報紙，指的是精讀，以各種閱讀策略去深入理解這篇報導所要傳遞的價值，而兩者各有不同的目的。如果，你平常很少看報紙或讀報紙的話，記得，從今天開始，養成好好看、讀報紙的習慣喔！

回想一下你看過的報紙，有哪些版面呢？寫下來，越多越好喔！

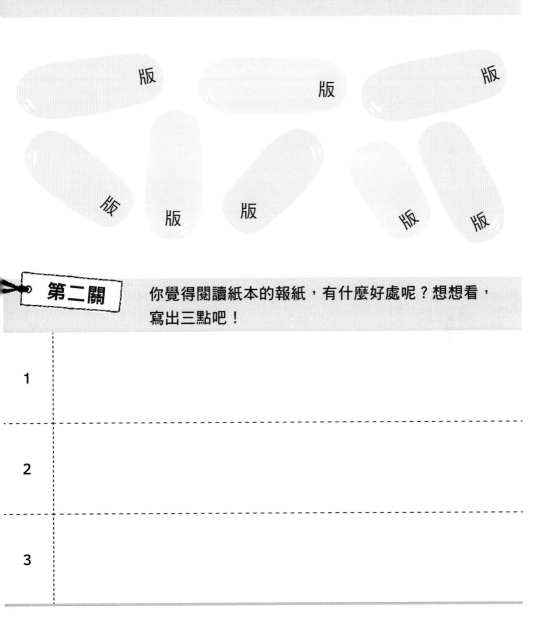

版

版

版

版

版

版

版

版

第二關　你覺得閱讀紙本的報紙，有什麼好處呢？想想看，
寫出三點吧！

1

2

3

 **第三關**　你覺得讀報紙有沒有什麼壞處呢？思考看看吧！

1	字太小，有些視力不好的人，會有閱讀困難。
2	
3	

 **第四關**

你是否曾經想過，一位知名的明星唱歌跳舞，就可以登上報紙的版面，我們也是唱歌跳舞，卻很少能登上版面。想想看、歸納一下，登上報紙版面的內容，需要具備什麼條件呢？

條件一

條件二

條件三

請找一篇你喜歡的文章，浮貼在下方。並請你按照以下的指示，完成任務喔！

報紙浮貼區

● 確認報紙已經浮貼完成了！

● 請用鉛筆圈出讀不懂的語詞，並試著從上下文猜猜看它可能的意思。

● 請用藍色原子筆，圈出你覺得不錯的語詞或成語

● 請用紅色原子筆，在優美的文句旁邊畫線。

● 讀完這篇文章／報導之後，請試著閉上眼睛，回想這一篇的內容。

● 關於這篇文章或報導，你有不懂、好奇的地方嗎？你想提出什麼問題嗎？
　請寫在這裡。

問題一：

問題二：

問題三：

7. 請試著運用不懂的語詞，或不錯的語詞、四字語詞、成語，來練習造句。

造句一：

造句二：

造句三：

現在，小朋友應該對報紙不陌生了吧？以下有兩個任務，要請你來挑戰喔！

1. 你覺得，一份報紙，需要具備哪些訊息呢？

報紙名稱

照片

聯絡電話

2. 現在，如果讓你簡單設計「班級報紙」，你會怎麼設計呢？
請設計一份班級報紙的頭版吧！並標註你覺得需要呈現的資訊。

如：報紙名稱、班級、主編同學的名字……等。

隨手筆記

第 2 章

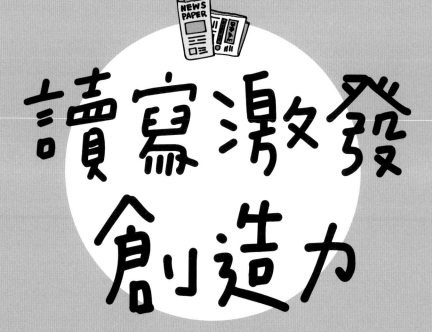

讀寫激發
創造力

創造力，是孩子最需擁有的能力之一，因為，未來的世界會怎麼變化，誰也無法掌握；但不可否認的，「創造力」是改變世界的不二法門。想想看，QR code 的設計、元宇宙的開發、人工智慧的到來……哪一個不是創造、發明的最佳證明呢？

　　在第二章，我們將透過廣告單、文案的設計、歌詞的欣賞與創作、圖像設計……等，一起激發孩子的讀寫技能。如果對於讀寫創造力有興趣的話，也可以參考《翻轉思考：有趣的成語遊戲》、《字遊字在的語文課：和孩子玩文字遊戲》，一起搭配使用喔！

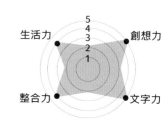

生活力　創想力　整合力　文字力

No.5 讀廣告單

✏️ 課程引導

　　這個單元，我們希望師長可以帶著孩子，一起來「觀察」、「閱讀」不起眼的「廣告單」。如果沒有特別引導，孩子可能不知道，也不會去覺察到每一張廣告單，都有其獨特的「祕密」！有時候，如果我們沒有仔細「閱讀」廣告單的話，它只不過就是在打廣告而已；但是，當我們把「廣告單」當作一篇閱讀的素材時，它就會變得很有趣喔！現在，就讓我們一起發掘「廣告單」的祕密世界吧！

學生怎麼自主學習呢？

1
請小朋友到一家有廣告單的店，索取一張廣告單。

→

2
請説説看，這張廣告單最顯眼的地方在哪裡？

→

3
請先找找看，最大或最明顯的字寫著什麼？

4
接著，再請找找看，除了最大、最明顯的字之外，還有哪些訊息呢？

→

5
請觀察一下，這張廣告單的設計。

→

6
請想想看，這張廣告單想要傳達的訊息是什麼？

7
請思考一下，如果自己是設計者，想要怎麼設計呢？

→

8
請思考一下，這張廣告單夠清楚嗎？有沒有漏掉哪些資訊呢？

 ## 如何親子共學呢？

1
師長帶著孩子一起觀察各種不同類型、不同風格的廣告單。

→

2
引導孩子發現這些廣告單有什麼「特色」？

→

3
請孩子説説看，製作廣告單的目的是什麼？

4
請孩子找找看，廣告單想傳達什麼訊息？可以引導孩子從人、事、時、地、物以及圖素、文字等訊息來推論。

→

5
請再進一步引導孩子，廣告單裡可能還隱藏著哪些「看不到」的訊息呢？

6
請孩子拿著筆，再仔細看這張廣告單，圈畫出最重要的地方。

→

7
請孩子試著説説看，這張廣告單讓他有什麼感覺呢？如果是由他來設計，會怎麼設計呢？

→

8
這張廣告單有達到「廣告」的目的嗎？

我們的課堂風景

　　那一天，我一走進教室，就跟孩子說：「今天我們要上一堂很不一樣的閱讀課喔！」孩子睜大眼，說：「不是就是讀少年小說嗎？」我跟孩子說，今天這堂閱讀課，我們要來「讀廣告單」。

　　於是，我從我的資料夾中，拿出幾張廣告單，有的是賣房子的，有的是賣便當的，有的是賣飲料的……約莫有十張。我把班上分成五組，每組給兩張廣告單，經過我的引導之後，讓他們去比較、發現、分析，並討論、思考、表達。

　　其中有一組的發現是這樣的：「我覺得這兩張廣告單的設計都很有美感，這一張的用色比較淡，另一張比較深；這一家賣的飲料比較便宜，另一家賣的比較貴；這一家賣的種類比較多，那一家賣的比較少。但是我們這一組有組員的想法不一樣，他說因為容量可能不同，所以很難單純從價格來判斷；還有一位同學說，也有可能比較貴的這一家，他用的原料比較好，所以價格會比較高。另一個組員說：「希望老師可以讓我們訂飲料，這樣就能更清楚知道廣告單的內容，到底有沒有誇大不實了……」聽完這一組的分析比較之後，大家都哄堂大笑，覺得很有道理，也都很佩服他們這一組的討論功力。

　　在各組都發表完之後，我再給予簡單的歸納，讓孩子再次釐清：「廣告單的目的究竟是什麼？」只見孩子大多能了解這堂課的用意，我也提醒孩子，下次拿到廣告單的時候，不要急著看過、急著丟掉，它可是充滿許多設計者、商家的心血呢！

🖊 語文可以怎麼學？

1. 小朋友可以透過閱讀廣告單，自行設計出幾個題目，師長從旁輔助。
2. 小朋友可以練習歸納、整理出一個表格，如右圖。
3. 試著用口語表達的方式，把這張廣告單的重點說給同儕聽。
4. 找兩張類似的廣告單，供小朋友比較、歸納。

- 主要文字。
- 次要文字。
- 表達內涵。
- 不夠明確的訊息。
- 備註。

🖊 寫作小方塊

1. 請小朋友設計一個「創意金句」。例如，賣衣服的，可以設計出「穿上我，讓你衣衣不捨！」全班可以集思廣益，設計出越多越好。
2. 可以親自帶著孩子到店家拿一張廣告單，仔細看看上面所列的資訊，是否夠清楚？是否符合上課所學的內容？
3. 可以讓小朋友先猜猜看：「今天這家店是賣便當的，你覺得他們的廣告單可能會出現哪些訊息呢？」先讓孩子「說」，師長先「聽」，接著再比對看看，他們說的內容，和真實呈現的廣告單內容，是否相符。

延伸課程

① 師長可以請小朋友問問看商家，為什麼廣告單想要這樣設計？

② 師長還可以讓小朋友實際到影印店或印刷行，去問問看廣告單的價格如何計算，是否符合成本。

③ 師長可以將孩子所設計的廣告單，張貼在家中，或是在教室中，讓學生票選「最佳廣告獎」！

④ 假設班級中的幹部選舉，也要製作廣告單的話，可以包括哪些元素呢？

1、請小朋友不要任意或拿太多廣告單，避免資源浪費。

2、讀完之後的廣告單，可以再禮貌性地還給店家。

3、不要隨口批評商家所販賣的東西，或廣告單所呈現的訊息。

4、廣告單上所呈現的內容，需確認小朋友是否確實瞭解含義，以免不小心被誤導。

隨手筆記

我是文案小高手

實地演練

在日常生活中，少不了各式各樣的廣告單，相信小朋友對於這些五花八門的廣告單，也不陌生吧！有時候，如果你沒有特別留意的話，廣告單可能成為過目即忘的廢紙；但是，如果我們格外用心、深入研讀的話，你會發現，廣告單也是很有趣的喔！現在，就讓我們一起進入「廣告單」的世界吧！

小朋友，請你回想一下，你看過怎樣的商家，或是販售哪些商品的店家，會印製、發放廣告單呢？

第二關

如果有一張「賣飲料」的廣告單，你覺得這張廣告單上，需要提供哪些訊息呢？

我覺得，它需要提供的訊息，包括⋯⋯

電話　　店名

第三關

以下是一張販賣早餐餐點的特價廣告單，請你仔細閱讀之後，回答以下的問題：

說說看，為什麼這家店要推出「特價商品」呢？

_____

_____

請問，小明有辦法在「臺灣光復節」吃到特價商品嗎？為什麼？

_____

_____

小花午睡醒來，想來一杯咖啡提神，她有辦法買這家的飲料嗎？為什麼？

_____

_____

如果你想打電話跟老闆訂購一份早餐，請試著寫下你會怎麼向老闆訂購？
（請完整表達，並留意該具備的資訊與禮儀）。

_____

_____

早餐的種類應該有很多種，為什麼老闆的特價早餐，都推出漢堡呢？請說出
你的想法？

_____

_____

_____

_____

你覺得這張廣告單的資訊足夠嗎？有看不懂的地方嗎？
還是想特別詢問哪些問題呢？

_____

_____

_____

_____

小朋友，你喜歡吃什麼早餐呢？請你自己列舉幾項，並訂出合理的價錢。例
如：「鮪魚蛋餅」＋「無糖豆漿」＋「蘋果」＝ 80 元

_____

_____

_____

_____

_____

_____

_____

現在，班上有一位自治小市長候選人，如果你想幫他設計一張廣告單，在學校宣傳，你會怎麼設計呢？

P.S. 小朋友如果覺得此頁位置不夠，也可以畫在大張的圖畫紙或海報紙上喔！

71

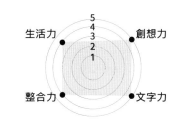

No.**6** # 讀歌詞

📎 課程引導

　　記得我在讀國中、高中,甚至大學的時候,最喜歡一邊騎單車,一邊聽流行歌了;當時,也不覺得這樣在路上騎乘很危險,總之,這樣聽歌、記歌詞的生活,也陪伴了我的學生歲月。如果,現在問我,還喜歡聽流行歌曲嗎?可能還是會有肯定的答案吧!那麼,各位師長、大朋友,你們也喜歡聽流行歌曲嗎?許多大人常常會說,聽流行歌好像沒有古典音樂來得高雅;其實,只要我們能用心「閱讀流行歌詞」,把歌詞化作寫作的素材、學習的動力、生活的調劑,那麼,流行歌詞也是值得我們欣賞與品讀的喔!

　　所以,當你和孩子下次一邊走路一邊哼歌的時候,除了留意優美的旋律之外,也記得,把每一字句讀進心坎裡,你會發現,「閱讀歌詞」也是很有意思的呢!

學生怎麼自主學習呢？

1
請小朋友選一首喜歡的流行歌曲。
→
2
請把這首流行歌的歌名、歌手、歌詞查找出來。
→
3
請閱讀一次歌詞。

4
請再讀一次歌詞。
→
5
請把覺得好的文句，畫記下來。
→
6
請說說看，這些文句好在哪裡？

7
請思考一下，可否用造句、編寫短文的方式，運用這些句子呢？
→
8
請思考一下，在什麼情境中，可以運用到這些歌詞文句？

如何親子共學呢？

1
師長可以播放一首流行歌，和孩子一起感受旋律。
→
2
可以和孩子一起閱讀歌詞。

3
閱讀完歌詞之後，師長可以請孩子說說看，喜歡歌詞的哪個部分。
→
4
師長和孩子可以互相補充，彼此分享好聽的歌曲。

5
如果孩子對寫作有興趣的話，師長可以補充「歌詞運用於寫作」的策略給孩子。
→
6
師長還可以帶著孩子一起找喜歡的歌手，認識他們的成長過程、奮鬥故事。

我們的課堂風景

　　有一次，班上的同樂會，一位小朋友點播的歌曲是〈看到最遠的地方〉，聽了一下旋律，感覺還滿和諧優美的；我特地上網查了一下歌詞，發現歌詞寫得滿有意境的。

　　我把這段歌詞印了下來，讓孩子去閱讀，希望他們可以讀出歌詞中的優美文句。我讓他們分組來發表想法，大多數的組別都覺得「看得最遠的地方」、「相信敢飛就有天空」、「第一道曙光」、「堅持微笑要暖得像太陽」這幾句，是具有哲理的，也可以運用在寫作上。

　　我繼續引導，請他們說說看，「第一道曙光」代表著什麼？我引導孩子，讓他們能知道，「第一道」象徵著起初、開始，有一種希望開始的感覺；「曙光」代表清晨的太陽，一日之計在於晨，只要我們把握一早的時光，就能開啟美好的一天。

　　透過這樣的引導，我想讓孩子把「歌詞」與「生命」結合。例如：「看得最遠」代表著什麼意義？「敢飛」是真的要裝上翅膀去飛嗎？還是有另一層意思？「太陽」又代表著什麼？是代表很熱很熱的烈日，還是代表溫暖和煦的陽光呢？其實，這樣的思考方式，沒有標準答案，我只是希望孩子，能突破原本的「具象框架」，把看得見的東西，再延伸到另一層象徵意義。

　　課堂最後，我分派了一份作業，我請孩子找一首最喜歡的歌，把歌詞抄錄下來或是列印下來，且在喜歡的文句上，畫記圈注，並且試著思考看看，它們有沒有另一層涵義？如果未來要運用在作文上，可以怎麼鋪陳呢？

🖊️ 語文可以怎麼學？

❶ 師長可以蒐集許多流行歌的歌詞，讓孩子閱讀。閱讀的時候，可以分成幾個步驟：

　(1) 說出歌名。

　(2) 猜猜看歌名的意思是什麼？

　(3) 閱讀歌詞，並畫記優美的用字遣詞。

　(4) 圈畫出沒有學過的語詞，並猜猜看它的意思。

　(5) 畫記出最有深度、與生命層次可以結合的語句。

　(6) 可以播放這首歌，讓孩子自由感受歌曲的旋律與歌詞的意境

❷ 針對孩子所畫記出來的用字遣詞，師長可以試著帶孩子造句。

❸ 針對孩子所畫記出有深度、與生命層次結合的語句，師長可以帶領孩子編寫短文，並讓孩子思考，可以在什麼情境下運用。

❹ 讓孩子思考「文題」是否相符，亦即「歌名與歌詞」是否有關連性。

❺ 帶著孩子思考，有哪些語詞、成語、語句，可以用來形容好聽／不好聽的歌曲。

🖊️ 寫作小方塊

❶ 請小朋友針對以下歌詞，練習看看可以怎麼運用在寫作中？

　(1)「我要去看得最遠的地方，和你手舞足蹈聊夢想。」（出自〈張韶涵看得最遠的地方〉）

　　例如：每次只要讀完勵志文章之後，我就會燃起一點衝動，希望可以為自己築夢。張韶涵曾經在〈看得最遠的地方〉這首歌中提到：「我要去看得最遠的地方，和你手舞足蹈聊夢想」，如果可以有一個人，陪我一起築夢、聊夢想，那該有多好哇！

　(2)「我知道我的未來不是夢，我認真的過每一分鐘，我的未來不是夢，我的心跟著希望在動。」（出自張雨生〈我的未來不是夢〉）

(3) 「永遠不回頭，不管路有多長，黑暗試探我，烈火燃燒我，都要去接受，永遠
　　不回頭。」（出自王傑〈永遠不回頭〉）

延伸課程

❶ 找一篇歌詞，將歌詞各個段落打亂，讓孩子重組。

❷ 找一篇歌詞，將其中一個段落的歌詞打亂成一行一行，讓孩子重組。

❸ 找一篇「形式整齊」的歌詞，讓孩子嘗試「仿作一小節」

❹ 全班可以票選一首喜歡的歌，作為班級的「班歌」；如果行有餘力，也可以帶著
　孩子創作屬於自己的「班歌」。

1、請小朋友在搜尋喜歡的流行歌曲時，避開較為不雅的歌詞。

2、有些孩子會模仿自己喜歡的偶像，提醒孩子不要過度崇拜，以免迷
　　失自我。

3、不要任意批評別人欣賞的演藝人員，也不要批評別人所喜歡的歌曲。

4、在下載歌曲時，記得考量智慧財產權的問題。

隨手筆記

好歌好詞好文采

\實地演練\

小朋友，你們喜歡聽歌嗎？你們喜歡閒來時就哼上一曲嗎？每一首歌的歌詞，都有令人玩味與學習的地方，只要好好聆賞，一定可以學到更多喔！

請小朋友說說看，你喜歡聽的歌有哪些？這些歌又是誰唱的呢？

序號	歌名	演唱者
1		
2		
3		
4		

第二關

現在，我們已經寫出許多好聽的歌曲了。再請小朋友想想看，你所知道的歌曲中，有哪些歌詞是寫得不錯的呢？請把它寫下來，可以是上表中的歌曲，也可以是剛才沒有寫到的歌喔！

序號	歌名	演唱者	我覺得這幾句寫得很好	為什麼這幾句很好呢？
1				
2				
3				
4				

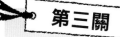

現在，要請你試著擬一個和寫作主題相關的題目，
再想想看，怎麼把歌詞運用進來。

題號	主題	歌詞
1	夢想	我要去看得最遠的地方，和你手舞足蹈聊夢想，像從來沒有失過望受過傷，還相信敢飛就有天空那樣。〈張韶涵，看得最遠的地方〉

每個人都有自己的夢想。小時候我就夢想可以當一位足球明星，因為我天天放學後，都會留在學校踢足球，也愛上足球。張韶涵曾唱過一首歌，歌詞是這樣寫的：「我要去看得最遠的地方，和你手舞足蹈聊夢想……相信敢飛就有天空那樣」。我相信，只要我們有夢想，勇敢去闖，一定可以達成目標。

題號	主題	歌詞
2		

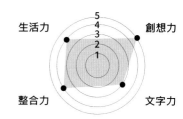

生活力　創想力
整合力　文字力

No.7 讀圖像 PART 1

課程引導

　　親愛的師長，你們喜歡欣賞圖像、畫作嗎？從一些研究數據來看，不論是大朋友或小朋友，我們對於圖像的喜好，都會比文字來得高一些。國小以下的孩子，對於圖像的敏感度是很高的，只要稍加引導，通常都能延伸出很多趣味性的課程。當家長有空的時候，可以找尋看看，家中有沒有圖卡、繪本、具圖像的素材，都可以讓孩子慢慢觀察，誘發想像力；而老師則可以透過課本的圖、資訊融入課程的方式，讓孩子從圖像來發展。圖像不只是圖像，它更是語文學習，或是思考訓練的管道之一，不妨好好利用圖像，為孩子奠下學習的興趣。

學生怎麼自主學習呢？

1
請小朋友自選一張喜歡的圖。

→

2
請先說說看，為什麼喜歡這張圖？

→

3
請再說說看，這張圖帶給你什麼感覺？

4
請說說看，在這張圖裡看到了什麼東西？

→

5
可以試著用形容詞來形容所看到的東西。

→

6
請再延伸思考一下，除了原本的形容詞之外，還有不同的形容詞（三字、四字語詞，或是成語）、修辭技巧嗎？

7
請試著找不同的東西，依上列的方式，來練習形容詞。

→

8
請對著圖像用完整的句子來表達：「我看到了 ○○ 的 ○○」

如何親子共學呢？

1
師長可以引導孩子找一張圖，問問看孩子，為什麼選這張圖呢？

→

2
可以再找另一張圖讓孩子比較，說出喜歡某一張的原因。

→

3
陪著孩子一起「共讀」，一起「微觀」圖像的內容。

4
任意指向圖像內的某個東西，請小朋友說出那是什麼？例如：「水珠」。

→

5
進一步引導孩子說出「形容詞」，可以是二字、三字、四字，甚至是運用長句來形容。

6
可以利用媒體找出更多圖像、畫作，引導孩子說更多。

→

7
可以請孩子進一步說出「感受」，並詢問為什麼？

→

8
可以請孩子說說看：如果你是繪者，你會怎麼畫？

我們的課堂風景

在我的課堂中，我一直很喜歡用圖像的方式，帶領班上孩子學習。例如，國語課就搭配課本中的插圖；數學課也會以圖像的方式去建立孩子學習的鷹架；社會課的圖像，更經常是教學與評量的元素；健康體育課時，孩子總喜歡看一些圖像的分解動作；藝術課的圖像，更是不勝枚舉。因為孩子喜歡，所以我引導起來，讓整堂課的氣氛更好。

有一次，我上國語課的時候，靈光一閃：「何不把課文搭配的圖，也當作教材來教學呢？」於是，我上完課文之後，便繼續延伸教學，請孩子「讀圖」。我請孩子除了看「宏觀」整幅圖之外，也要「微觀」；因為「微觀」一張圖，才有「讀圖」的感覺。

那麼，我是怎麼進行的呢？我先請孩子微觀一張圖，接著再請孩子任意說出這張圖裡面有哪些東西，孩子的回答包括：「雨傘、水珠、青蛙、雨衣、椅子、涼亭、烏雲、魚、雨鞋、樹木……」；接著，我又請孩子用形容詞，形容一下他所看到的這些東西，孩子的答案包括

了：「很多顏色的雨傘、小小的水珠、圓滾滾的水珠、綠色的青蛙、很小隻的青蛙、可愛的青蛙、活潑的青蛙……」等。

當孩子說出了這麼多形容詞之後，我試著再引導他們進入更有程度的學習，那就是「四字語詞」、「成語」的運用。孩子在我的引導下，會將之前所學過的，再複習出來運用，所以，這時候得到的答案，包括了：「五顏六色的雨傘、晶瑩剔透的水珠、一團漆黑的烏雲、嬌小玲瓏的雨鞋……」當然，孩子的答案有時不是這麼精準或恰當，需要老師適時地引導；而要讓孩子學會更好的用字遣詞，方法就是多練習，達到「熟能生巧」的地步。

這堂課，我運用了大概十分鐘，便讓孩子從「讀圖」開始，細觀圖像中的小細節，再從細節中延伸形容詞，引導成語，再請孩子口述完整的語句。就這樣，全班都陶醉在有趣的課堂中呢！

🖊 語文可以怎麼學？

1. 師長可以翻閱課文中的任一張圖，以上述的方式，進行教學。
2. 師長可以請小朋友搭配一本字典、成語補充教材，並鼓勵寫作時經常運用四字語詞或成語。
3. 師長可以進一步再引導至修辭。例如：「這顆晶瑩剔透的小水珠，就像飽滿的湯圓一樣。」
4. 師長也可以進一步再**引導至句型**。例如：「**因為**有這一顆晶瑩剔透的水珠，**所以**感覺空氣很清新。」
5. 師長可以讓小朋友先將文句「**寫**」出來，接著再鼓勵他們「**說**」出來，訓練孩子的口語表達力。

🖊 寫作小方塊

1. 請小朋友依照上述的方法，找到十張圖之後，任選三個東西，再加上形容詞，寫出完整的短語。例如：「胖嘟嘟的小孩子」、「火紅的太陽」、「自由自在的小鳥」。如果學生能運用四字語詞或成語，則給予加分。
2. 請小朋友針對「短語」，再試著延伸到數句的短文。例如：「這個胖嘟嘟的小孩子，手裡拿著棒棒糖，看起來很享受。」（師長可以依照學生的學習情況，限定短句或短文字數，如 20 字到 120 字不等。）
3. 師長可以告訴小朋友，這樣的寫作模式，便是國語習作裡照樣造句的初階程度了。例如：「圓滾滾的珠珠、胖嘟嘟的男孩、輕飄飄的雲朵」。
4. 師長可以進一步提醒，如果寫作中，能善用照樣造句的方式，可以讓文句讀起來更有韻律感。

 **延伸課程**

❶ 師長可以任意找兩、三個語詞（可以是所看到的東西），請孩子發揮創意造句。例如，孩子所看到的東西為「棒棒糖」、「雲朵」，孩子可能想出的創意造句為：「他吃著棒棒糖的感覺，就像雲朵一樣，自由自在。」

❷ 師長可以再加深創意造句的難度，增加至三、四、五……個語詞，甚至可以創作至短文。教師可針對學生的創意造句或創意短文，再輔以孩子的畫圖，形成「圖文創作」。

❸ 師長可以任意指著圖中的東西，請小朋友快速說出那是什麼東西。例如，指著樹木，孩子便必須快速說出「樹木」，並且可以進階，說出「高大挺拔的樹木」。

❹ 師長可以請孩子每個人寫兩張詞卡，蒐集全班的詞卡，即為撲克卡。師長可發揮創意，發展許多小遊戲。

❺ 師長可以把這些詞卡，全部打亂，讓學生重新分類。例如，教師可以將類別區分為自然類、文具類、食物類、動物類、植物類、科學類……等，讓學生學習歸納整理的能力。

1、請小朋友在寫文句或詞卡時，避免不雅的用語。

2、在「創意造句」的單元中，鼓勵小朋友發揮想像力，不要求邏輯性，只要求文句、文法的正確性：

例如：

*青蛙開開心心地吃著比薩（〇）

*青蛙的開開心心在好像吃比薩（✗）─（語法錯誤）

3、不要在借來的書本上隨意塗鴉。

隨手筆記

我也是小畫家

實地演練

小朋友，相信你應該很喜歡畫圖吧！畫圖除了展現你的手眼協調能力之外，更重要的，是把你心中的想法表達出來喔！如果，我們把圖像與語文結合在一起，想必又可以碰撞出許許多多的火花呢！小朋友，你準備好了嗎？現在就讓我們一起來闖關吧！

請觀察下方的圖，說說看，你看到了什麼東西？請寫下「名詞」。如：葉子、天空……等。

（圖為林園國小蘇建勳小朋友作品）

葉子	天空	

在第一關中，相信小朋友都把上一頁的圖觀察得很仔細了吧！現在，要請小朋友試著發揮想像力、創造力、表達力，把這張圖「說」出來。

● 先編一段十五秒的故事，再編一段三十秒的故事，最後再編一段六十秒的故事。請小朋友感受一下，所編的故事時間越長，是不是需要觀察得更深入、素材要更豐富呢？

● 小朋友在說故事的時候，要「流暢」，不要斷斷續續。如果可以有語調的高低起伏、適時加入手勢，那就更棒囉！

● 小朋友如果不知道從何開始編起，可以試著想出「主角」、「時間」、「地點」、「主角在做什麼事」、「為什麼主角想做這件事」、「主角的心情」……等來思考。

※ 小朋友可以嘗試寫大綱，也可以完整寫出想表達的內容。

_____

_____

_____

_____

_____

_____

_____

請試著幫以下兩張照片，訂出標題名稱吧！再用三十字以內的文字概略說明敘述。（資訊不夠充分之處，均可在合理的範圍內，自由想像）

標題：

敘述：

標題：

敘述：

P.S. 小朋友也可以自己找一些圖片，來練習看看喔！

剛才小朋友所闖的關卡，都是從既有的圖像，再延伸題目來學習。現在，要請小朋友自行發揮想像力，根據以下的指令，在下一頁畫出自己的圖來！

指令一	左邊畫一棵樹	指令六	房子的旁邊有條小溪流
指令二	右邊畫一棟房子	指令七	溪流裡有三隻小魚
指令三	有一顆火紅的太陽高掛天上	指令八	小女孩就站在樹和房子的中間
指令四	有三隻鳥兒在飛	指令九	溪流附近有一個大石頭
指令五	樹的上面有幾顆蘋果	指令十	天空上飄著幾朵灰雲

● 小朋友，這張圖很自由，沒有一定要怎麼畫，你就根據上方的指令，用你的想法來畫吧！畫完之後，還可以和其他同學比較一下，大家看到的指令都一樣，為什麼畫出來的會差很多呢？

請小朋友為這張圖，訂定一個作品名稱吧！＿＿＿＿＿＿＿＿＿＿＿＿＿

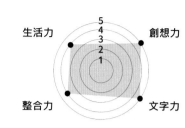

No.8 讀圖像 PART 2

📝 課程引導

繼上一章的學習之後，本章也是以圖像來延伸教學；這次的教學聚焦於「宏觀」的圖像。不知道各位師長喜歡看繪本嗎？你們對於繪本瞭解多少呢？繪本之所以迷人，便在於「圖」，而「圖」的影響力往往又是大於「文」的，因此，師長在指導孩子閱讀繪本或課文時，除了文字之外，也要記得將圖像引導給孩子學習。從宏觀的角度來看，可以誘發孩子更全面的觀察，進而說出這張圖的感覺、內容、想像、故事，再進一步引導到口語表達。

學生怎麼自主學習呢?

1
請小朋友自己選一張喜歡的圖。 →

2
請先說說看,為什麼想選這張圖? →

3
請再說說看,圖中的什麼部分最吸引你?

4
為什麼這個部分最吸引你呢? →

5
找找看並說說看,第二個吸引你的是什麼? →

6
最吸引你的兩個答案,在圖畫中是否有關係呢?

如何親子共學呢?

1
請師長引導孩子說出自學時所學到的內涵。 →

2
再引導孩子說說看圖畫中還有哪些小細節呢? →

3
帶著孩子一起依此圖像,來編一個故事吧!

4
師長可以試著引導小朋友用更好的用字遣詞來描述這張圖,或說出感受。 →

5
和孩子一起,試著為這張圖下一個標題吧!

6
接下來,帶著孩子,透過網路資源,一起欣賞有名的畫作。 →

7
問問孩子,是否知道這些畫作的「繪者」是誰?他們有怎樣的生平故事呢?

我們的課堂風景

我是一個很喜歡用圖像來教學的老師；在上國語課的時候，我會花一些時間，帶著孩子一起來看圖，想當然爾，我們的課堂一定充滿笑聲！曾經我也是一個只會上、只愛上「文字」的老師，但後來自學了一些畫、讀了一些繪本之後，才慢慢發現，圖像有很強很強的魅力呀！

所以，除了國語課本的圖之外，舉凡數學的小插圖、社會的圖、健康教育的圖，或是宣傳單、繪本、電腦網頁……等的小插圖，常常都會讓我或班上的孩子，不禁多看幾眼。

有一次，我拿班上孩子的作品，當作圖像教學的引導，我和孩子才真正感受到，一張小小的圖畫紙上，竟然藏著無窮的趣味。那位同學畫的是一隻變色龍，旁邊有幾棵樹，還有一個小朋友在畫畫，地點應該是在公園裡。我就從這個圖出發，先詢問小朋友看到了什麼、有什麼感覺、說出相關的形容詞，接著，我再訓練學生說出整張畫的內容，並限定他們用十五秒、三十秒、六十秒，來編造這張圖的故事。

透過不同秒數的引導，孩子要表達的重點會變得不一樣，當秒數增加的時候，孩子必須學習觀察得更細緻，而且想像力也要更豐富；這時，我會持續引導他們用「人、事、時、地、物」的方法來思考，或是帶入「六何法」，思考圖像背後可能的「背景」、「經過」、「結果」，讓他們想想看，主角在做什麼？為什麼主角要這樣做？如果主角沒有這樣做，會發生什麼事嗎……凡此種種。

除此之外，之前我在帶孩子說課文大意的時候，有的孩子無法看著課本文字說出來，我便慢慢引導孩子先看圖，再從圖出發，試著說說看圖在表達什麼，或許這也是一種從圖說出大意的好方法！

有了上述的引導之後，許多孩子就能慢慢感受到這些圖的重要性了，也慢慢比較能表達一些內容了。當然，要讓孩子表達到什麼程度，也就依老師、家長的要求而定囉！

語文可以怎麼學？

1. 師長可以請小朋友看完圖之後，試著用自己的話來表達出圖畫內容；為了達到語文學習的層次，可以逐步要求小朋友表達的流暢性、抑揚頓挫、聲情等。

2. 除了圖畫內容之外，師長可以請小朋友再進一步想想，還有隱藏的訊息嗎？（例如：圖畫想傳達的「言外之意」。

3. 可以請小朋友試著為圖下一個標題、簡介、短文，字數可視小朋友的能力而定。

4. 可以請小朋友兩兩一組，互相說故事，甲同學說一小段，乙同學再說一小段，輪流接故事。

寫作小方塊

1. 請小朋友試著為圖，寫出一個標題。

2. 請小朋友試著為圖，寫出二十字以內的簡介。

3. 請小朋友試著為圖，寫出一百字左右的短文。

4. 如果圖畫裡有人物，可以請小朋友試著為他們編寫**對話**。

5. 請小朋友想像下一張圖可能的樣貌，像是故事接龍一樣，寫出下一張的情節。

6. 師長可以請小朋友寫完之後，再融入更適切的**類疊、四字語詞、成語、句型**等。

7. 小朋友互相觀摩，見賢思齊。

延伸課程

❶ 選擇圖畫中的幾個物件，延伸出含有該字的成語。例如，圖像中有「花」，引導孩子說出「錦上添花」、「花好月圓」、「花言巧語」。

❷ 從圖像中，逐步引導孩子，關於圖像顏色、主角情緒的用詞，以便讓寫作的用詞可以更精緻。

❸ 提供幾種句型（雖然……但是……；寧願……也不要……），讓孩子針對此一圖像，練習句型造句。

❹ 選擇一張圖畫，試著列印並裁切，製成拼圖，供孩子操作拼貼。

❺ 請小朋友當「評論家」，試著評論原作者的畫；可以說出優點，或是建議。

❻ 請小朋友化身為繪者，同樣的情節，你想怎麼表達呢？

1、請小朋友在說、寫故事時，宜用「雅言」（文雅的話語）。

2、請小朋友不要任意批評他人的畫。

3、小朋友在說故事時，往往會停頓、搔頭，可以提醒小朋友，想清楚之後再發表；可以試著先在心中口述一次，再發言。

4、不要在借來的書本上隨意塗鴉。

5、師長如果要公開圖畫，記得留意著作財產權的問題。

隨手筆記

讀圖有意思

實地演練

繪圖，讀圖，欣賞圖，對孩子來說，應該是最有興趣的一件事了。有時候，圖不只是作者想表達的內心感受，更是自我風格的呈現。有的畫當下就能明瞭作者想表達的重點；然而，有的畫卻需要反覆品讀，方能讀出箇中滋味。不可否認的，每張圖都是繪者的心血結晶，端看目的，都有不同的價值層面。

說說看，在這張圖中，你看到了什麼？

我看到了……

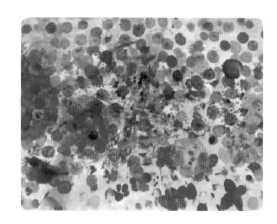

 **第二關**

請你發揮想像力，它像什麼、它可能是什麼、它會是什麼？

（沒有標準答案，請小朋友放心表達、詮釋）

我覺得它像是……

為自己的想像力打分數吧！

我給自己的分數是_____分。

第三關　如果圖中紅色的部分，是一朵花，你想怎麼形容它呢？加上一些修辭技巧，會讓你的「花」更生動喔！

例	紅紅的小花，像蝴蝶一樣，在草原上飛舞。
換你練習了！	
再練習一句吧！	

第四關

找出不同顏色的部分，仿照剛才的方式，想出形容詞 ＋ 修辭技巧，讓圖像更鮮活喔！

一大叢藍色的點點，我覺得像⋯⋯

湛藍的海洋

請你把上一頁方框裡的文字，轉化成完整的句子吧！（可加上自己的感覺，或更多的想像喔！）

 我覺得一大叢藍色的點點，像湛藍的海洋，如果我能在裡面悠游，一定可以看到很多小丑魚在嬉戲。

❸

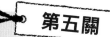 **第五關** 你覺得圖的下方，黃色／淺綠色的部分，像什麼呢？
仿照第四關的方式，造出完整的句子吧！

第 3 章

讀寫開闊生活力

孩子的學習，不能只局限於家庭、學校，倘若師長能帶孩子認識更多元的世界、涉獵不同課程，必定能開闊孩子的視野。有人說，「如果學習是圓心，多元能力是半徑，當孩子的能力越廣，他的視野將越開闊」。

　　第三章，我們會帶著孩子走進大山、品讀大海、遨遊在世界中……當孩子擁有這樣的能力之後，他們將發現，學習是無限寬廣的，他們將可以進一步掌握到自學的能力、掌握到課業以外的知能，而這些就是十二年國教新課綱所要培養的素養力！

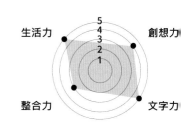

生活力　創想力

整合力　文字力

No.9 讀美食

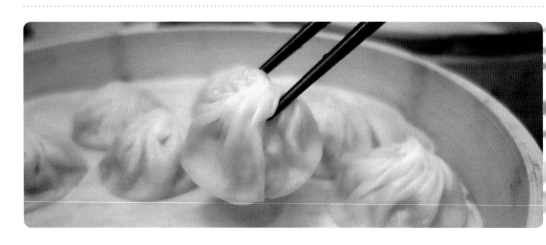

課程引導

　　打開電視，可以看到不少美食報導的節目；而這些美食節目，少不了的就是「美食記者」。不知道各位是否發現，身為一位美食記者，很重要的一件事，就是要能深入、清楚地介紹一樣美食；所以，如果你想成為一位美食記者，就要好好觀察、體驗一道食物；因此，下次當你看到一道佳餚在你面前的時候，記得先觀察一下它的外型，再用鼻子聞聞看，再簡單地品嘗一口，嘗嘗它的味道，也感覺它的口感，最後，再用你內心的聲音，說出自己吃這道美食的感覺；如果可以再加入這道菜背後的故事、廚師的心路歷程……等，如此一來，相信你的描述一點也不會輸專業的美食記者喔！

　　這個單元，我們就是要帶給孩子這樣的能力，也許，未來你的孩子就是專業的「美食家」囉！

學生怎麼自主學習呢？

1
請小朋友自己選一道喜歡的料理。
→
2
請先自行觀察這道料理的外觀，並説説看其外觀如何？
→
3
請先聞聞看這道料理的味道？並形容一下。

4
請先簡單地品嘗一口，並表述其味道如何？
→
5
請用嘴巴、牙齒、舌頭去感受它的口感，並説説看口感如何？

6
請説説看，吃這道料理時，內心感受是怎樣的？並和預期的感覺比較看看。
→
7
請自行説説看，為什麼會來吃這道料理呢？

如何親子共學呢？

1
師長可以請孩子試著説出在自學時，想到哪些想法。
→
2
可以補充更多形容美食的語詞、語句，供孩子學習。
→
3
可以帶著孩子上網找找更多美食。

4
可以請孩子找到同一種類的美食，比較其差異。
→
5
可以試著介紹不同國家的美食，行有餘力，也可以親自帶孩子外出品嘗。

6
可以引導孩子欣賞「美食家」的廚藝、辛勞之處與成功的祕訣。
→
7
也可以試著帶孩子一起下廚，料理一道佳餚喔！

我們的課堂風景

接近期末的時候，我曾請班上的孩子，每個人帶一道菜到班級來，讓孩子親身體驗這種「吃美食，寫作文」的樂趣。孩子覺得很特別，因為以前大多是把記憶中的美食寫下來，而這次卻是「現場品嘗，實地書寫」，因此孩子對於這道菜的印象特別深刻。

當孩子帶菜餚到學校來的時候，我請孩子先不急著享用，先讓孩子聆聽我的「美食寫作課」。我跟孩子說，寫美食的時候，要注意，不能過於空泛，例如，「很好吃」、「很難吃」、「沒味道」、「不想吃」……等，而是要具體地說出「好吃、難吃、沒味道」等的原因。我還跟孩子說，運用摹寫的技巧，從視覺、聽覺、味覺、嗅覺、心覺，詳細地描述食物，並且可以問問看這道料理是如何做出來的。

因此，孩子有一個很重要的功課，當孩子在請家人或自己完成這道料理的時候，他必須知道料理的步驟、食材的取得、為什麼用這些調味料；甚至孩子還要學會查詢這道料理，有沒有什麼歷史故事，或是這道料理和「人」的關係、背景、生活經驗……等。

因此，有了這樣的互動之後，「食物」不再只是單純的食物，而是提升到更有畫面、更有故事、更有深度的敘寫了。

當我解說完畢之後，孩子小心翼翼地先去夾自己最想吃的一道料理，有的夾薯條、有的夾雞塊、有的盛了一盤馬鈴薯沙拉、有的端回來一盤三杯雞，還有小朋友最先品嘗的，是精緻的小蛋糕和飲料。我看著他們那種愉快的表情，卻又帶點矛盾，真是可愛——因為，美食當前，不能馬上品嘗，而是需要先觀察、想像，才能下肚。等他們吃完之後，還要繼續訪問這道菜的主人，並整理、書寫下來。

這堂美食文學課程，比他們想像中的還要有趣。不過整個課程的規畫也相當累人；但是，看到孩子開心的眼神、認真書寫的表情，一切都值得啦！

🖊 語文可以怎麼學

1 師長可以帶小朋友到美食街，讓他們挑選想吃的餐點，並試著用「**口說**」的方式，把為什麼喜歡吃這個餐點的原因表述出來。

2 提供更多和「美食書寫」有關的語詞／成語，讓小朋友參考。

3 引導小朋友運用修辭技巧，讓句子更有深度。

4 引導小朋友詢問店家，請老闆、廚師說出這道美食的特色。

5 可以進一步再詢問，這道美食有什麼故事、創作料理的背景、期待客人的回饋⋯⋯。

6 寫作除了「表象、內在」之外，更重要的是要寫出「**情感**」。美食書寫，雖然是描寫表層食物，但若能寫出「**情感、內心覺知**」，更能觸發讀者。

7 師長可以引導孩子自主學習，找尋書寫美食的相關文章。

🖊 寫作小方塊

1 請師長準備一塊巧克力蛋糕，親自引導孩子書寫：

(1) 視覺：看到什麼——看到黑色、方形的小蛋糕，上面有一顆紅色的草莓；草莓旁邊還有「生日快樂」四個字。蛋糕一層一層的，好像在蓋樓房一樣。

(2) 聽覺：聽到了什麼——我彷彿聽到紅紅的草莓，大聲地對我說：「生日快樂！」我還聽到製作蛋糕的人，用心祝福我的聲音，讓我覺得好感動。

(3) 觸覺：摸到了什麼——老師叫我們小心翼翼地端著蛋糕，因為它質地很軟，一不小心可能就會塌了下來。我品嘗一口在嘴裡，冰冰涼涼的，巧克力薄片也脆脆的，吃起來真舒服呀！

(4) 嗅覺、味覺、心覺⋯⋯等的引導方式，亦與前述相同。

2 師長可以引導孩子為自己所帶來的菜餚命名，練習當「五星級主廚」。例如，紅蘿蔔炒蛋可以命名為「紅絲金塊」；豆芽排骨湯可以命名為「金鉤掛玉排」⋯⋯

3 師長可以讓孩子自行設計「細目表」，請孩子思考一道菜的組成，需要用到什麼材料。如「紅蘿蔔炒蛋」，需要用到「紅蘿蔔、雞蛋、青蔥、油、鹽」⋯⋯等，可以再持續深入讓孩子思考每一種材料的數量，並把這些內容整理成一個表格，考驗孩子分析、歸納的能力。

延伸課程

1 三冠王

(1) 當每個孩子都帶來一道料理時，可以全班票選，最喜歡的三道菜是什麼？這三道菜分別給予特殊名稱，如「最佳味覺獎」、「金味獎」等。

(2) 學生可以自行設計獎狀。

(3) 學生可以撰寫一篇採訪稿，訪問得獎的這些小朋友。

2 敬師

(1) 可以請小朋友把好吃的佳餚，分送給其他科任老師，邀請他們一起品味孩子的手藝。

(2) 請每一位有品嘗到佳餚的老師，都要給學生一個簡單的回饋，可以是四字語詞，也可以是一個句子，更可以是一段小語；當然，小朋友也可以給老師「想說的話」

3 分享愛

(1) 請孩子寫一張卡片給家人，謝謝家人平時總是無怨無悔地為家庭付出；重點可以著重於「美食」，並從美食延伸到「愛」。

4 同樂會

現今許多同樂會都是全班每位小朋友帶零食到教室，或是全班帶到外面用餐，不妨嘗試讓小朋友每人帶一道料理，到校互相分享喔！

1、請小朋友在烹飪時，要注意用火安全。

2、請小朋友在採訪店家廚師時，要注意禮貌。

3、請小朋友在品嘗美食時，勿暴飲暴食，也切勿浪費。

4、在挑選商家時，要留意衛生。

5、選擇食物時，宜提醒學生「健康」原則。

隨手筆記

我是小小美食家

實地演練

美食當前，豈能不讓人食指大動呢？吃東西的時候，你是馬上拿著，就送入嘴巴，還是，你會慢慢觀察，先聞一下，再慢慢入口呢？如果，我們用「閱讀美食」的角度來看的話，你會發現，「吃美食」只是簡單的嘴巴與心靈滿足而已，但「讀美食」，又會有更高層次的享受喔！

第一關

上圖是臺灣知名的小吃，相信你應該也嘗過不少次了吧！現在，請你試著用你的感官，寫出上面這盤臭豆腐帶給你的五官感受吧！

五官感受	感官圖像	我會這麼形容……
眼睛（視覺）	👁	我看到豆腐一塊一塊的，黃金油亮又充滿光澤，還有一片片色彩翠綠的泡菜，讓人眼睛為之一亮。

請你試著用短文書寫的方式，把第一關所填的內容串接起來，描述成一段能吸引人的美食敘述吧！

- 如果想寫臭豆腐之外的美食，也是可以的喔！
- 請確認一下，是不是把上述五官都運用進來了呢？如果可以加上「心裡的感受」，會更棒喔！

P.S. 如果小朋友想正式寫作，也可以寫在作文簿或是稿紙上。

第三關 現在，請你分享一道讓你印象深刻的美食，並完成下列任務。

1	這道美食的由來	
2	廚師、我與這道美食的故事	
3	這道美食的材料有哪些	
4	請用一句話來描述這道美食	

第四關　請畫出一道「你最喜歡吃的食物」,並寫下食物名稱和所需食材,再說說看,為什麼你喜歡吃這道食物?

 名稱:

可以設計一個更吸引人的佳餚名稱喔!

所需食材：

我喜歡這道食物的原因：

No.**10** 讀人

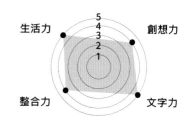

生活力　創想力

整合力　文字力

🖊 課程引導

　　我問了一些身邊的爸爸媽媽、老師、小朋友，當他們聽到「讀人」時，第一個想到的，便是「察言觀色」；這個答案也沒有錯，只是，這個章節裡，我們想帶給師長與小朋友的，不僅僅是「察言觀色」，而是更多「讀人」的層次。

　　很多小朋友聽到「讀人」，一定覺得很新奇；有聽過讀書、讀作品、讀歌詞，但就是沒有聽過「讀人」。其實，「讀人」也不是什麼特殊的閱讀行為，簡單來說，就是澈底地去了解一個人，從外表到內在，再從平日的互動到深入的對談；透過這樣的過程，我們可以更清楚地知道一個人的生命歷程，也可以從中學到一些生命的智慧。因此，當你對一個人有興趣的時候，不妨和他聊聊，也許會有很多意外的收穫和啟示喔！

學生怎麼自主學習呢？

1
請小朋友選一個比較親近的人，回想和他相處的過往。 →

2
請說說看這個人是誰，可以是家人、朋友、師長、同學、親戚。 →

3
請說說看，為什麼要選這個人呢？

4
請說說看，這個人的外表是什樣子？ →

5
請說說看，這個人的內在有哪些特質？ →

6
請說說看，曾經和這個人有過怎樣的互動？

7
請思考一下，這個人對你有什麼幫助嗎？ →

8
請再思考一下，除了他之外，還有其他人也有同樣的特質或相處的感覺嗎？

如何親子共學呢？

1
請師長引導孩子說出一個值得書寫的人。 →

2
請師長引導孩子，用適當的語詞、成語，說出這個人的外表、內在。 →

3
請師長告訴孩子，一個受歡迎、受尊敬的人，需要具備哪些特質？

4
師長可以帶著孩子，一起上網找找知名人士的生命故事。 →

5
請師長引導孩子，如何結交好朋友？如何做一個受歡迎的人？

6
請孩子想想自己的優點、缺點各是什麼？要如何改進呢？

119

我們的課堂風景

　　某次上課，剛好課文上到和東南亞有關的的文章，我便利用課餘時間，打電話給班上孩子的家長，希望那位家長可以到班上，分享自己在東南亞家鄉的故事。這位家長，來自越南——一個天氣、文化、美食等各方面都很多元的國度；她所居住的地方是四季如夏的胡志明市，難怪她來臺灣之後，最不能適應的，就是冬天。

　　那一次上課，孩子都很期待，因為很少有外人到班上幫大家上課。孩子事先都知道她是同學的媽媽，也是在學校附近開越南美食店的老闆，但是很多小朋友，對於越南，非常陌生，甚至連越南在哪裡都不知道。趁著那位家長還沒有來之前，我趕緊幫大家預習越南的地理位置、國旗、貨幣、美食、建築，以便孩子見到這位同學的媽媽時，能有初步的認識。

　　這位越南媽媽進教室的時候，轟動了全班，因為她穿著越南道地的白色服裝，臉上帶著陽光般的笑容向全班打招呼；接著她拿起母國的國旗、錢包裡的鈔票，還有籃子裡的斗笠、越南美食；全班都大開眼界，想不到同學的媽媽可以跟我們分享這麼多有趣的事。

　　很多孩子覺得不可思議，紛紛詢問越南媽媽：「鈔票真的有這麼多萬元呀？」、「你們真的很愛喝咖啡嗎？」、「越南的國家很長，這樣搭火車不是要搭很久嗎？」、「你們的斗笠好可愛，和臺灣的不太一樣」、「那十萬元可以買什麼東西呢？」……不只如此，她還介紹了她在越南成長的故事，以及到臺灣生活的種種心路歷程，有感人的、有讓人發笑的、有讓人不舒服的、有讓人覺得不可思議的。

　　她還一一展示她在越南的照片，包括在鄉下成長的照片，那些房子，看起來和臺灣大相逕庭；也拿出冬天的照片，她說冬天大家也一樣穿短袖；也有一些交通運輸還有小攤販的照片。全班都覺得很有趣。

　　我看到孩子睜大著眼，一直很想更深入認識同學的媽媽；時光飛逝，一節課的時間一下子就過去了。她帶我們學了越南的問候語，請全班吃了春捲以及綠豆糕，還多留了幾盒綠豆糕當作班上課餘的小點心。課程最後，我請孩子說說看，從剛才越南媽媽的分享中你們學到了什麼？

📝 語文可以怎麼學？

1. 師長和小朋友可以蒐集關於「人物」的報導，閱讀學習。
2. 師長可以找一位大家耳熟能詳的人物（真人或照片），從外表、穿著，甚至延伸到個性、特質、對社會的貢獻等等，深入探討。
3. 師長可以引導小朋友想出「與他人互動的經驗」，有趣的、難忘的、得意的、難過的，試著說出或寫出一篇文章。
4. 請小朋友自主學習，查找出可以形容人的語詞、成語，並試著練習看看。
5. 請小朋友回憶在學校上課時，曾經學過哪些典範人物或課本人物。
6. 請小朋友善用各種組織圖，如心智圖、樹狀圖等，為「人物」做一統整圖表。

📝 寫作小方塊

1. 師長可以帶領小朋友寫作教學，請小朋友從「與人物相關」的課文中，歸納出這類文章的特點、要項，並以此準則撰寫一篇文章。
2. 師長和小朋友共同查找可以形容「人」的成語或四字語詞，並試著練習看看。例如：「他看起來一副弱不禁風的樣子，好像感冒了。」
3. 師長可以找一位卡通人物、明星、球員……等照片，讓全班練習文句。例如：「哆啦Ａ夢有著圓圓的頭，藍白相間的身體，脖子上還戴著一個小鈴噹，真是可愛！」師長還可以再進一步引導小朋友學習這些人物的事蹟、貢獻，讓小朋友延伸書寫。
4. 師長請小朋友想一位自己最要好的朋友，試著擬出一篇文章，文題為「我最要好的朋友」，可多描述互動、難忘的事蹟、對自己的影響。此外，傳統的題目為「我最要好的朋友」，這較不吸睛，師長可以試著引導孩子練習訂題目。例如：「善良·正義·張小雲」。
5. 師長可以引導小朋友說出自己的優點、缺點、專長、興趣，先從認識自己開始，進而去認識他人、閱讀他人。

延伸課程

1. 師長可以帶小朋友玩遊戲；由一位小朋友先說話（可以變聲），讓全班猜猜看這個聲音是誰的？

2. 另一種遊戲請小朋友說出某位同學的三個特質或行為，讓全班猜猜看，該位同學可能是誰？

3. 很多動物都和人類一樣，都具有某些專屬的特質；師長可以帶領小朋友想想看，小朋友本身的特質比較像什麼動物呢？

4. 師長可以找兩位小朋友，讓大家說說看，這兩位小朋友有哪些相同、相異的特質。

5. 自己對著鏡子，仔細地看自己的五官，說說看，自己的五官有什麼特質，喜歡鏡子中的自己嗎？

6. 請師長帶著小朋友思考，人的性格、情緒有哪些？

7. 師長可以帶著小朋友思考，受歡迎的人需要具備哪些特質？而怎樣才會成為一位受歡迎的人呢？

8. 師長可以讓小朋友進行角色扮演，並輪流扮演不同的角色，彼此覺察說話互動的感覺。

1、請小朋友討論他人時，不要惡意攻擊，或說出讓人覺得不舒服的話語。

2、多提醒小朋友探討正向、光明、積極的人，避免探討過多失敗、消極、負面的人。

3、尊重不同族群、宗教、性別、生長背景的人，強調人人平等。

隨手筆記

人物閱讀

小朋友，相信你們一定閱讀過書、歌詞、菜單、報紙雜誌，甚至認真地閱讀過風景、閱讀過一個環境……等，但是，你曾經閱讀過「人」嗎？沒錯，今天，就要讓我們一起來「讀人」，讀出一個人的外表、內在與各式線索喔！

小朋友，請你觀察一下這張照片，好好「讀人」一下。

先從他的「外表」讀起，他的穿著是怎樣的？他在做什麼事？你可以猜猜看他的心情是怎樣的？他做這件事的動機可能是怎樣的？這件事反映出他的性格可能又是怎樣的？

他的穿著、外表

我覺得他應該是一個

＿＿＿＿＿＿＿的人，

因為……

心情

外表

動機

性格

有時候，我們「讀」一個人，從第一眼的外表印象，再到長時間相處的內在特質，可以試著用更多語詞去形容他，包括二字語詞、三字語詞、四字語詞，或是一句話、一段話，都是可以的。現在，請你想想看，如果要形容一個人，你可以運用哪些語詞、句子、段落呢？

二字語詞	三字語詞	四字語詞	句段

小朋友，你曾經想過嗎？有一些動物和人一樣，都具備同樣的特質或特徵，可以互相比喻與形容。現在，請就你平日對動物的了解與印象完成下方的表格吧！

	動物	特質、特徵
1	小貓	平常很文靜，但生氣的時候會張牙舞爪。一動也不動、警覺性很高、喜歡晚上活動、喜歡撒嬌……等。
2	狗	
3	貓頭鷹	
4	猴子	
5	羚羊	
6	獅子	

	動物	特質、特徵
7	鳥兒	
8	蝸牛	
9		
10		

• 小朋友，你覺得自己最像哪一種動物呢？為什麼？

第四關

小朋友，你有自己的偶像嗎？不論是過去的，或是現在的都沒關係。你曾經仔細思考過嗎？為什麼他會成為你的偶像呢？他具備了怎樣的特質呢？有哪些特質是你可以學習的呢？

我的偶像是：

他的特質是：

我可以向他學習的是：

· ·

我的偶像是：

他的特質是：

我可以向他學習的是：

- 小朋友，現在請你再搜尋一下，找找看，你的偶像或是你認識的偶像中，他們曾經說過什麼話呢？曾經有過什麼生命故事嗎？
- 再請小朋友深入思考一下，你覺得擁有自己欣賞的偶像，是一件好事嗎？為什麼？如果你覺得不是好事，那又是為什麼呢？

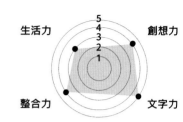

No.11 讀大山

📝 課程引導

　　山脈，是島嶼的命脈！臺灣因為擁有許多山脈，所以造就了不同的生活型態。有的人住在深山裡，有的住在山丘上，有的住在山腳下，有的就住在離山不遠的地方；當然，也造就了不同的農業、自然、交通等景象。我曾經在一所山腳下的學校任教，學生不論近一點欣賞，又或舉目望去，都可以看到一座座蒼翠綿延的青山，矗立在眼前。如果把山，看作是教學素材的一部分，那就太有趣了！這個單元，我們就邀請師長，一起用「閱讀」的心情，帶領孩子走進一座山林吧！

學生怎麼自主學習呢？

1
請小朋友看著、想著一座山。

→

2
請先説説看，對於這座山有什麼感覺呢？

→

3
請想想看，當時爬山的經驗是怎樣的呢？

4
請發揮想像力，在山的背後，會是什麼呢？

→

5
除了一座山之外，通常還會看到、感受到哪些景物呢？

→

6
請再發揮想像力，如果真的爬到山的最頂端，會有什麼感覺？

7
剛才所説的「感覺」，有哪些更好的語詞來描述嗎？

→

8
閉上眼睛，把這座山，以及你置身在山中的畫面，在腦海中想像出來吧！

 ## 如何親子共學呢？

1
師長可以帶著孩子一起欣賞、回憶一座山

→

2
可以問問看孩子，對這座山有什麼感覺。

3
試著引導小朋友説説看，和這座山有哪些故事或經驗嗎？

→

4
請向小朋友説一些和山相關的故事、生活經驗。

→

5
介紹臺灣知名的山。

6
除了介紹臺灣的山之外，還可以告訴孩子世界上有哪些知名的山。

→

7
請小朋友想想看，山，除了表面上的高聳、屹立不搖之外，還有什麼象徵嗎？

→

8
可以告訴小朋友關於淨山、敬山的觀念。

我們的課堂風景

我曾經在偏鄉的一所學校服務過，那所學校，就在山腳下，所以我只要下課，往窗外看過去，就可以看到幾座小山，矗立在我眼前；而山，之所以美麗，也和旁邊地貌，有著緊密的連結，像是稻田、房舍、錯綜的田間小徑、遠方的白雲、藍天……等。

那一節下課，我就這樣看著窗外，突然想著，如果我把「山」，當作閱讀的課程，那是不是也可以帶給孩子不同的體驗呢？

我帶著孩子，倚在窗邊，全班一起來看那座山。我問孩子，那座山給你們什麼感覺，以及是否有過走入那座山的經驗？每個孩子都踴躍地發表，紛紛說出了他們的感覺與故事，包括看起來很壯觀、很親切、很可愛、很綠、很高、很近，當然還有更多他們在社區裡，以及走進山間的休閒活動。我才深深地發覺到，因為山就在自己的周遭，這樣的生活經驗，才讓他們能說出這麼多、感受這麼深。

我跟孩子分享我的登山經驗，也和他們分享我走古道、深愛大自然的故事，孩子也紛紛附和，說他們有時候會在山腳下玩，或是和家人一起走進大自然。提及大自然，孩子的生命力就活了過來，我們常說，大自然就是這麼有魅力，一點都不假。

接著，我請孩子靜靜地觀賞這座山，把它當作一幅畫來欣賞。我問他們，山的顏色是怎樣？形狀是怎樣？旁邊還有哪些景物呢？由近到遠分別是什麼？哪些是動態的而哪些是靜態的？我試著引導他們說出更具體、更接近我想要的寫作方向。最後，我再請他們閉上眼睛，把剛才所感受到的畫面，在腦海中再複習一次，並營造出一幅自己的山林圖像。

等孩子完成了我的任務之後，我跟他們分享，其實在生活中，到處都是美，只要我們懂得用欣賞、閱讀的角度去看，將會發現，「山」也有很多面向可以閱讀；我也引導孩子，山是應該崇敬的，不能隨意破壞山裡的花草樹木，更不能留下人造垃圾；同時，走完一段山路之後，也要感謝山神、感謝大地，給我們這麼好的環境，享受美麗的自然。

孩子很期待，除了這次的「讀山」之外，也能真的全班一起到附近的小山走走，感受實踐山林的可能性。我想，等我們好好規劃，或許就能成行了吧！

🖊 語文可以怎麼學？

1. 師長可以請小朋友以「聆聽」的方式，仔細聽聽看有哪些聲音會從「山」裡發出來；並引導小朋友深入聆聽、想像。

2. 師長可以引導小朋友想出或寫出更多關於「山」的優美語詞。一般孩子形容「山」的語詞大多為「很高、綠色的、雄壯的、很漂亮的」，因此師長可以再進一步引導，甚至是成語、四字語詞、有修辭的。

3. 師長可以請小朋友找和「山」相關的文章或著作，**推薦給大家自主學習或線上學習。師長也可以引讀幾篇，引起孩子的興趣。**

4. 師長可以引導小朋友「**說故事**」、「**說心得**」、「**說經驗**」、「**說感覺**」，例如，讀完和山相關的書籍之後，可以說讀書心得；可以請小朋友說說爬山、淨山、在山邊玩耍的經驗。

5. 師長可以找一篇關於山的詩歌，讓小朋友一起朗讀，包括個別讀、輪讀、齊讀，也強調孩子要把音韻、高低起伏、節奏、情感，表現出來。

🖊 寫作小方塊

1. 當小朋友閱讀完與山相關的書籍之後，可以嘗試寫出大意、心得，再搭配生活經驗。

2. 師長可以加強小朋友的句型寫作，將每一個句型都融入「山」的元素。例如：「雖然……但是……」，小朋友寫出來的句子可能是：「雖然我們已經很久沒有爬山了，但是我永遠忘不了第一次爬山的美妙經驗。」

3. 師長可以請小朋友做剪報，找與山相關的文章、報導，並延伸到寫作。

4. 師長可以引導小朋友寫出形容山的語詞。例如：「雄偉的山」、「綠綠的青山」、「蒼翠的山」、「像巨人一樣的高山」、「好多山並排在一起，好像手掌一樣」……

5. 師長可以協助小朋友，一起找出與「山」相關的名言錦句、古詩詞，並擇幾句、幾首，讓學生閱讀，培養文學素養。

延伸課程

❶ 師長可以請小朋友試著畫一張「山的異想世界」，鼓勵發揮天馬行空的想像力，並為此圖訂一主題名稱與敘述。

❷ 師長可以請小朋友運用肢體動作，將山、鳥鳴、風吹、大樹、猴子等，以肢體動作表現出來。

❸ 師長可以請小朋友自行為一座山命名，並寫出命名的理由。例如：「鬍子山——因為山的中段有很多淺綠色的樹，看起來很像老人的鬍子。」；又如「梅花山——因為山裡面種了很多梅花，只要到了冬天、春天，就會白白的一片，很漂亮。」

❹ 師長可以播放與山相關的影片，並進行山林教育的補充。

❺ 師長可以指定一座山，讓孩子自主規劃，該如何查找路線、公車、時刻表等，才能抵達，並進行一趟實際的戶外教學。

1、有些山因為步道建設不夠完整，也疏於維護，所以潛藏著危險性，不可不慎。在雨季、颱風季來臨時，亦要避免登山。

2、閱讀文學作品時，部分文學用詞，也許和小朋友所學習到的，稍有不同，師長可以多加提醒。

3、請孩子在剪報時，注意安全，並裁剪整齊；同儕互相欣賞作品時，亦勿任意批評、毀謗。

隨手筆記

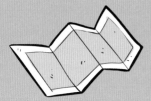

仰之彌高 的「山」先生

實地演練

山，有各式各樣的風采。臺灣是塊寶地，有各種海拔高低不同的山，有各種形貌色澤的山，而這些山，可能就在你我身旁，又或矗立在你眺望所及的視線範圍內。對於山，我們都不陌生，也許，你曾經攀爬過；也許，你可能還沒真正走入山中。無論如何，今天，讓我們一起走入「山」的世界，好好閱讀一座山吧！

●圖一

●圖二

第一關

請運用口語表達的方式，簡單述說你所看到的兩張圖。也可以加入想像力，或加入你置身其中可能感受到、觀察到的情節、景象。

圖一，我想這樣說⋯⋯

圖二，我想這樣說⋯⋯

第二關

比較一下，你喜歡第一關裡，哪一張照片所營造出來的「山」，並說說看為什麼？

我喜歡……因為……

_____

_____

_____

第三關

山，靜靜地站在那頭，好像不說話，也不表現出動作。但是，你知道嗎？山，其實教會了我們很多課本上學不到的能力喔！

	1	2	3
情境描述	山裡面有好多鳥類，有白頭翁、翠鳥、五色鳥，偶爾還會看到老鷹在天空盤旋呢！山很有雅量，提供了一個絕佳的環境，讓鳥兒居住！		

山教了我們…	包容	堅毅	柔和
因為	山很有包容力，所以讓很多生物可以在裡面棲息。		
我想向它學習	我也要和山一樣，擁有包容力，這樣就比較不會和同學爭吵了。例如，聽到同學批評我的時候，我會先想想看，再思考要不要告訴老師，不會馬上和同學起衝突。		

第四關

現在，請小朋友閉上眼睛，想像一下，你心目中的山，長什麼樣子？
除了綠色的樹林之外，你還想為它添加些什麼呢？
請在下方空白處，畫出你的「心山」吧！

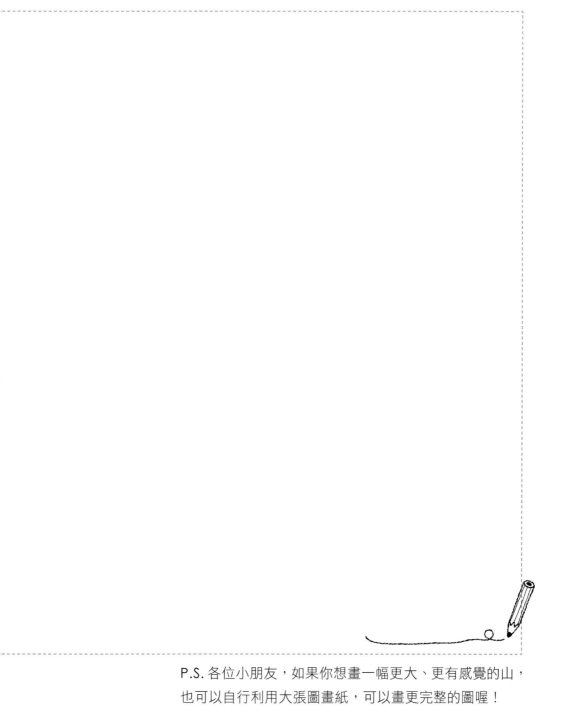

P.S. 各位小朋友，如果你想畫一幅更大、更有感覺的山，
也可以自行利用大張圖畫紙，可以畫更完整的圖喔！

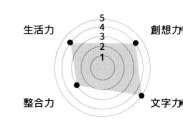

No.**12** 讀大海

🖋 課程引導

　　臺灣四面環海，對於海，大多數的孩子都不陌生。這幾年來，積極推動「海洋教育」，希望讓我們的孩子，從小知海、親海、愛海，進而更認識我們的海洋。不只如此，我更重視「讀海」，那是一種專注、放空、思考的過程，透過這樣的過程，可以讓我們看到、想到更多不同的面向，而不是只有「一片大海」而已。因此，不妨帶著孩子，一起到大海前，享受「讀海」的樂趣吧！

學生怎麼自主學習呢？

1
在安全的範圍內，請小朋友欣賞眼前的大海。
→
2
請先説説看，這片大海帶給你怎樣的感覺呢？
→
3
請想想看，大海中可能有什麼東西？

4
請再進一步發揮想像力，大海中還可能有什麼奇幻的世界？
→
5
請仔細看看，除了大海，你還看到什麼東西？
→
6
請想想看，除了海，如果再搭配天空、雲朵、山、大樹、沙灘⋯⋯感覺會是怎樣呢？

7
你想用什麼語詞來形容這片大海？
→
8
閉上眼睛，把這片大海在腦海中想像出來吧！

如何親子共學呢？

1
師長可以引導孩子，説説看在自學時學到了什麼？
→
2
引導孩子説出更多關於海的「感受」，培養情意能力。
→
3
引導孩子，説出「海」在生活中的重要性。

4
帶著孩子，一起認識臺灣附近的海域。
→
5
師長還可以引導孩子認識世界上有哪些海洋。

6
實際翻開世界地圖，讓孩子看看海洋的位置。

我們的課堂風景

　　我的學校屬於靠海的行政區——高雄市林園區，但學校並沒有真正靠海，也因此，要帶孩子到海邊，仍有交通上的問題需要克服。

　　因為到海邊，安全性的問題需要考量，再加上班級自發的活動，人多也不好帶領，所以那一次的「讀海課程」，我選擇帶班上幾位表現比較好的，而且家長也容易配合的孩子。當我把這樣的前提告訴孩子之後，只見大家露出難過的表情，但也因為開出這樣的條件，那一陣子，孩子的表現特別好。

　　「讀海課程」那一天，我們總共六位孩子，利用放學後四點多的時間，練習搭公車前往（搭公車也是一種課程，師長們不妨帶著孩子實際規劃，一定可以收穫滿滿！）。午後四點，天氣正舒適，前往海邊的路上，只見夕陽懸掛在天空，好像在迎接我們的到來一樣。

　　下了公車，抵達海邊，我提醒孩子一些注意事項，接著就開始進入了我們的主題。我布下幾個題目，讓孩子個人及小組思考：

(1) 你覺得可以用什麼語詞、成語來形容眼前這片大海？
(2) 請發揮想像力，你覺得大海底下，藏有什麼祕密、寶藏、故事？
(3) 你覺得大海象徵著什麼？

　　只見孩子兩兩一組，各自就自己的題目思考、討論，孩子也跟我說，他不知道光是眼前的這片海，就可以學習到這些東西。雖然這些孩子，就住在靠海的行政區，偶爾也會到海邊走走，但卻不曾對海有過這麼深入的思考。

　　經過這樣的引導與討論，孩子的答案特別有趣。特別是第二題，關於「想像力」的部分。孩子說：「也許海底下有一間學校，是廢棄的校園，那是非常非常古老的傳說，可能後來因為海平面上升，把學校覆蓋住了，而裡面的師生、居民，就慢慢變成美人魚，或是現在的海底生物了。」孩子又說，這就像課本教過的龐貝古城，或是澎湖的一些故事。說著說著，大家都笑了。

　　至於第三題，第一次帶領孩子進行「象徵」的表述，可能孩子的思考點還

不夠縝密，所以想出來的不如預期；我也順道為孩子補充：「大海好寬好大，它是由很多小河流所聚集起來的，你們看，如果大海不想吸收這些小河流的話，有可能變得這麼大嗎？」所以，我便慢慢引導他們到「包容」的概念。有了這樣的提示與引導，孩子對於象徵的概念，就越來越清楚了。

我還帶了幾個小活動，例如，請孩子閉上眼睛，幻想自己就身處在海底世界，那會看到什麼景象呢？也請孩子想像一下，除了眼前這片大海、遠方的船、彩霞、遠山，你還想加入什麼畫面，讓大海的構圖更完美呢？

這次的「讀海課程」，是孩子第一次和幾個同學一起到戶外走走、學習，當然更是我第一次「讀海初體驗」，我們都很珍惜，並期待還有下一次的另類閱讀課程。

語文可以怎麼學？

① 請小朋友以「聆聽」的方式，仔細聽聽看大海的聲音；除了大海本身之外，搭配著其他聲音（如蟬聲、船笛聲、人群說話聲、風聲），聽起來的感覺又是如何？

② 引導小朋友寫出更精緻的語詞。孩子形容「大海」的語詞一般大都是「藍色的、美麗的、藍藍的、很大的」，可以再進一步引導，甚至是成語、四字語詞、有修辭的。

③ 請小朋友找出和「大海」相關的文章或著作，推薦給大家**自主學習**。師長也可以引讀幾篇，引發小朋友的興趣。

④ 引導小朋友「說故事」、「說心得」、「說經驗」、「說感覺」，例如，讀完和海相關的書籍之後，可以討論讀書心得；可以請小朋友說說在海邊玩水的經驗；也可以請小朋友說說看，和海互動的感動是如何。

⑤ 找一篇海洋詩歌，讓小朋友一起朗讀，包括個別讀、輪讀、齊讀，也強調要把音韻、高低起伏、節奏、情感，表現出來。

寫作小方塊

① 當孩子閱讀完與海相關的書籍之後，可以嘗試寫出大意、心得，再搭配生活經驗。

② 請小朋友拿一張 A4 的紙，摺成兩半，一半放上海的照片或自行插畫，另一半則以文字書寫相關文句。

③ 請小朋友做剪報，找出與海洋相關的文章、報導，並延伸到寫作。

④ 引導小朋友寫出形容大海的語詞。例如：「波光粼粼的大海」、「閃亮亮的大海」、「一望無際的大海」、「像一塊藍色棉布的大海」、「像天空一樣的大海」……

⑤ 協助小朋友，一起找出與「海」相關的名言錦句、古詩詞、故事，並選擇幾句、幾首、幾篇，讓小朋友閱讀，培養文學素養。

⑥ 引導孩子創作與海洋相關的標語，例如：「藍天一片海，環境大家愛」。

延伸課程

1 請小朋友試著畫一張「海底異想世界」，鼓勵發揮天馬行空的想像力，並為此圖訂一主題名稱與敘述。

2 請小朋友運用肢體動作，將海洋、海浪、沙灘等，以肢體動作表現出來。

3 從大海的照片、圖片中，逐步引導小朋友，關於海洋顏色的用字遣詞，如「藍色」、「灰色」可以用哪些語詞取代，讓寫作的用詞可以更精緻。

4 運用海洋相關的桌遊，讓小朋友體驗。

5 鼓勵小朋友以廢棄物，進行海洋生物意象的創作。

6 播放海洋相關的影片，並進行海洋教育的補充。

7 透過世界地圖，帶領小朋友認識各地的海洋，增進孩子的國際觀。

1、大海看似平靜，請師長務必、務必提醒孩子水域安全；也請孩子注意海洋環境保育。

2、部分文學作品的用詞，也許和孩子所學習到的，稍有不同，師長可以多加提醒。

3、海洋教育是十二年國教新課綱所重視的議題之一，師長可以上網搜尋相關細節。

大海任我行

　　小朋友，你喜歡海嗎？你住的地方，離海有多遠呢？臺灣，四面環海，所以比起其他大國或內陸國家，我們能知海、親海、愛海的機會，確實比其他國家的小朋友還多。而，你知道嗎？海和人一樣，也有心情的變化喔！不同的季節、不同的氣候、不同的天色，都會造就不同的海景。只要小朋友多找機會觀察海，也注意海域安全，相信一定能看到許多不同的海景，體會到許多生活上的大學問。

● 圖一

● 圖二

第一關

這是兩張海的照片，但是這兩張照片呈現的風格、視角完全不同。
小朋友，請你細細觀察，說出你的想法吧！

圖一，我想這樣說……

圖二，我想這樣說……

第二關

上一頁的這兩張海景，帶給你怎樣的心情與感受呢？沒有標準答案，現在就請小朋友把自己的想法書寫下來吧！

圖一	圖二
充滿冒險的感覺	幽靜
勇敢	好像很安靜地沉睡著

1. 你覺得可以用什麼語詞、成語、修辭技巧來形容大海呢？

2. 請發揮想像力，你覺得大海底下，藏有什麼祕密、寶藏、故事？

3. 關於海，你會聯想到什麼？

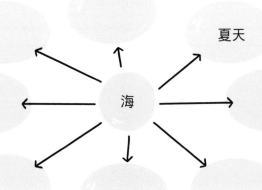

夏天

海

第四關

如果只有單純大海一種景象，你會覺得很空虛嗎？你覺得，可以再補上些什麼，讓大海的景象變得更豐富呢？

我覺得可以補上……	因為……
通往大海的森林小徑	有了森林小徑，有一種通往大海的神祕感，不知道小徑要走多久，不知道途中會不會遇到什麼。
鳥	有了鳥在海上飛，會讓人有自由自在的感覺。每次寫作業、考試，都覺得很有壓力，所以我覺得畫出飛翔的鳥兒，可以讓我有自在、輕快感。

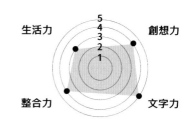

生活力　　　創想力

整合力　　　文字力

No.13 讀世界

課程引導

　　讀地圖，是許多師長與孩子會忽略的，甚至有的師長或孩子會覺得：「地圖也要閱讀？地圖怎麼閱讀？」。其實，只要仔細觀察世界地圖，再進而觀察每一個洲、每一個國家、每一個城市，甚至是河流、山脈、鐵路……等，你會發現，「讀地圖」也是很有趣的喔！當然，我們「讀地圖」有很多方法，你可以進一步再去找這個國家的國旗，看看這個國家的國旗長什麼樣子？你也可以再深入搜尋這個國家的相關知識，包括他們喜歡吃什麼美食、他們的錢幣是怎樣的、他們的文化和臺灣有什麼不同之處、他們的文字怎麼寫……等；如果孩子也喜歡畫畫的話，還可以手繪世界地圖，甚至，設計出一面專屬的「國旗」喔！。

　　在這一個章節裡，就讓我們一起來探索、一起來「讀地圖、讀世界」吧！

學生怎麼自主學習呢？

1 請小朋友上網找世界地圖。
→
2 請先任意選一個國家。
→
3 請先想想看，為什麼選擇這個國家？

4 請上網找找看，這個國家的國旗是怎樣的？
→
5 請上網搜尋這個國家，可以看到哪些照片或動態影像？
→
6 請上網找找看，除了照片，你還看到哪些文字訊息？

7 請再回到世界地圖，再次找找看，這個國家在哪裡？
→
8 請將這個國家，和臺灣相比，看看距離多遠、面積大概相差多少？

如何親子共學呢？

1 請師長帶著孩子再深入一起看世界地圖。
→
2 請帶著孩子一起找找看，知道或聽過哪些國家或城市名稱呢？
→
3 請帶著孩子看看這個國家，有哪些河流、山脈、湖泊……等。

4 請帶著孩子上網一起找這個國家的國旗、文字、建築……等。
→
5 師長和孩子可以互相分享各自知道的國家、城市。

6 帶著孩子，瀏覽世界上具有特色的部分，如美食、錢幣、文化等。
→
7 請孩子看看國際新聞，找出新聞中出現的國家或城市，位於地圖上的哪裡？
→
8 可以請孩子嘗試搜尋機票，看看要如何操作才能預訂呢？

155

我們的課堂風景

　　有一次上課的時候，我問中年級的孩子，有誰可以告訴老師：「美國在哪裡？」突然間，一位小朋友舉手告訴我：「老師，美國就是英國，對不對？」有的孩子聽了沒反應，所以我可以初步判定，可能有些中年級的孩子，對於世界，是沒什麼概念的。又有一次，我又帶著孩子玩一個遊戲：「小朋友，請把你們所知道的國家說出來吧！」其中，有一個孩子舉手，說：「南投、新竹、花蓮……」突然間，班上另一位小朋友說了：「那些不是國家啦！」

　　有了這樣的經驗，我決定在有空的時間，帶著孩子一起認識世界。於是，我介紹了幾個國家，包括印尼、越南、新加坡、馬來西亞、南韓、日本……等，以及比較遠的西班牙、巴西、敘利亞、美國、英國……等。我也在教室布置了世界地圖，時時刻刻讓他們看世界國旗，甚至也請學校在校園布置世界牆。因為我相信，國際教育，如果可以採取「情境教育」的方式呈現，一定可以耳濡目染、潛移默化，增加孩子的印象。

　　所以，在介紹國家的時候，我會先拿出一張國旗，讓他們猜猜看，這是哪一個國家的國旗？如果孩子不知道的話，我會給孩子一些提示，例如：她是幾個字的？她是哪一洲的？她有什麼特色。給孩子更多的線索，孩子能猜對的機率就越高；接著，我會再深入介紹這個國家的特色讓孩子知道，或是播放影音，讓孩子聆賞。

　　常常，我介紹完一個國家之後，孩子就會迫不及待想要用班上的電腦，去搜尋，這個國家在哪裡？它的形狀？它有哪些城市？有哪些河流？有哪些有趣的地名……等。就這樣子，班上的孩子，也真的認識了不少國家呢！

🖊️ 語文可以怎麼學？

❶ 帶著孩子「閱讀世界」，好好研讀、欣賞一張地圖。

❷ 印出國際新聞，讓學生閱讀；閱讀的時候，可以嘗試引導小朋友依循以下幾個步驟來進行：

    (1) 找一找──找找看，這則新聞是介紹哪個（些）國家？請把它圈出來。

    (2) 說一說──說說看，這則新聞主要在敘述什麼？

    (3) 為什麼──為什麼會發生這件事？為什麼會有這則新聞產生？

    (4) 想一想──想想看，如果沒有這個因素，還會出現這則新聞嗎？

    (5) 你覺得──你覺得，如果你是新聞中的主角，你會怎麼做？

    （題目的設定，會依新聞內容而有不同的提問。）

    例如：師長可以思考看看，以俄烏戰爭的新聞為例，可以怎麼提問？

    題目也可以自訂，參見 p.164 實地演練第四關

❸ 請小朋友簡單分享去過的國家，並說說她們的特色。

❹ 找一些不同國家的問候語、常用語，介紹給小朋友。

🖊️ 寫作小方塊

❶ 針對小朋友吸收到的國家內容，可以引導學生寫一篇作文。作文的內容可以朝兩個方向書寫：

    方向一 針對這節課，老師怎麼引導、進行，將過程、收穫寫成一篇文章──記敘文。

    方向二 針對一個自己喜歡、有特色的國家，進行國家的深入寫作 ──說明文。

❷ 學生可以閱讀一則國際新聞，並寫出其心得、啟示；若將其定位為一篇作文，則題目為── 一則新聞的啟示。題目也可以自訂，參見 p.164 實地演練第四關

❸ 學校若有推動國際教育，或是與國外交流、與國際筆友視訊互動等活動，都可以寫入作文。

❹ 學生可以練習寫一封信或一張卡片，寄給聖誕老公公。

延伸課程

❶ 國旗設計師

(1) 讓小朋友自行設計「國旗」；小朋友必須具備「國旗型式知能」。國旗的繪圖型式，並非如一般畫畫，而是由許多線條、符號、顏色、小圖示所構成。

(2) 請小朋友自行編寫國家名稱（中文、英文名）、首都名稱、使用貨幣、人口、面積、總統名稱、美食、特色節日……等。

(3) 將優秀作品張貼於公布欄，亦可讓小朋友上臺發表創作理念。

❷ 「錢」進世界

(1) 上網搜尋一些國家的貨幣，讓小朋友猜猜看，相當於臺幣多少錢？

(2) 設計考題，亦可融入數學課程，讓小朋友換算錢幣。

❸ 國家大考驗

(1) 可以給小朋友一個注音符號，請小朋友寫出或說出含有該注音符號的國家名稱。例如，給「ㄋ」，可能會說出「『奈』及利亞」、「『尼』日」、「印『尼』」、「委『內』瑞拉」。如果擔心答案過少，可以開放書寫「城市」。

(2) 以小組競賽，看哪一組寫得最多。師長可以選擇幾個國家，簡略介紹給小朋友，讓小朋友認識。若能以世界地圖輔助，小朋友將會印象更深刻。

1、每一個國家都有不同的文化，在認識他國文化時，切勿以負面的態度去面對。

2、對於每個國家的種族、宗教、膚色、文化，都應給予尊重。

3、閱讀國際新聞，對部分小朋友而言，可能稍難，可視情況予以補充、教學。

隨手筆記

世界逍遙遊

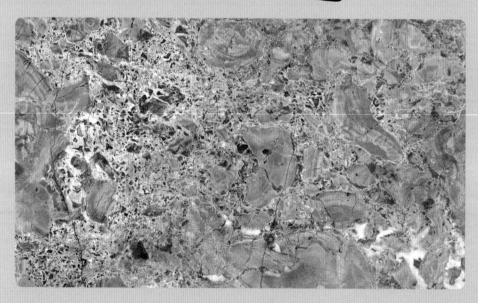

小朋友，你曾經出過國嗎？你去過哪些國家呢？你喜歡哪個國家或哪個城市呢？每個國家都有獨特的風土民情，只要你好好感受，好好體會行萬里路的過程，一定可以收穫滿行囊。當然，要出國也不是這麼容易說走就走，不過只要我們透過世界地圖、地球儀、收看與世界相關的書本或節目，都可以讓我們對世界更有感喔！

● 圖一

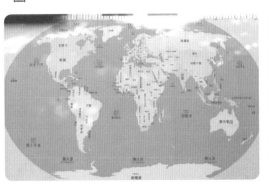

● 圖二

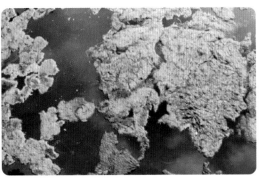

第一關

圖一是一張世界地圖（拍攝於臺中市后里區泰安國小），圖二是一張湖泊上的藻類地圖。只要發揮想像力，圖二也滿像一張世界地圖的。現在，要請小朋友，發揮天馬行空的想像力，為這個世界，增添幾個海洋名稱、國家名稱、河流名稱吧！請各想出三個吧！

	想像中的海洋名稱	想像中的國家名稱	想像中的河流名稱
1	佩佩海	紅豆拉國	水晶河
2			
3			

在第一關中，你已經把想像中的海洋、國家、河流名稱都創想出來了。現在，我們要飛……飛……飛……到其中一個國家。現在，你成了這個國家的國王，請你繼續發揮想像力，完成以下的任務吧！

我飛到的這個國家的國名是 ＿＿＿＿＿＿＿＿。
英文名是 ＿＿＿＿＿＿＿＿。

國家基本資料（包括：人口數、語言、貨幣、天氣、地形……等）	特色美食（請寫上特色美食名稱，並以四十字敘述）	特色節日（請寫上特色節日名稱，並以四十字敘述）

第三關

每個國家都有自己的國旗,而國旗的樣式,也或多或少與該國的文化、歷史淵源、地理環境有關。現在,要請你為你所飛到的國家,設計一面國旗吧!

P.S. 如果小朋友不知道怎麼設計,可以上網參考各國的國旗,相信你就會有靈感囉!

剛才已經飛到你想像中的國家，也設計完他們的國旗了；現在，我們要飛回臺灣，也要回到自己的書桌了。請小朋友想想看，最近，在世界上，有發生哪些新聞事件嗎？試著說說看，也在地圖上找找看，這個國家位在哪裡喔！

	國際新聞一	國際新聞二
事件概要		
事件發生地點 （位於哪一州、哪一國或哪一個城市）		
在新聞中， 我學到了什麼……		

✏️ 隨手筆記

作者簡介

林彥佑

國小教師。榮獲 Super 教師獎、翻轉創新教師獎,曾任教育部教學訪問教師、閱讀磐石計劃評委,2018 獲教育部選為教育家典範人物。

受邀臺灣與印尼、馬來西亞、新加坡、越南、大陸演講,將語文教學發揚海外;在臺灣各地,有數百場公開授課、親職教育講座、師資增能培訓、國際教育分享經驗,讓師生共同沉浸於美好的學習環境中。著有《翻轉思考:有趣的成語遊戲》、《字遊字在的語文課:和孩子玩文字遊戲》,文章見於各報章雜誌。喜歡教學,帶學生進行各項創新、思考課程。指導過語文相關各項競賽、擔任各式命題與評審委員。

因為保有童心,所以讓教學能量源源不絕。期許自己的孩子們,也可以在生活中學習語文,寓教於樂。

語文學習 FB 社團:彥佑語文的創意翻轉
來信交流:s8912002@gmail.com

作　　　者　林彥佑
叢 書 編 輯　葉倩廷、周彥彤
校　　　對　潘貞仁
美 術 設 計　ivy_design

副 總 編 輯　陳逸華
總　編　輯　涂豐恩
總　經　理　陳芝宇
社　　　長　羅國俊
發 行 人　林載爵

聯經出版事業股份有限公司
新北市汐止區大同路一段 369 號 1 樓
(02)86925588 轉 5312
2022 年 06 月初版 ・2024 年 7 月初版第三刷

行政院新聞局出版事業登記證局版臺業字第 0130 號
本書如有缺頁，破損，倒裝請寄回台北聯經書房更換。
聯經網址：www.linkingbooks.com.tw
電子信箱：linking@udngroup.com
文聯彩色製版印刷公司印製
ISBN：978-957-08-6291-1
定價：360 元

國家圖書館出版品預行編目資料

讀寫生活好好玩：13 則共學遊戲，用隨手可得的素材：車票、招牌、歌詞，玩出孩子的創造力！ / 林彥佑著 . -- 初版 . -- 新北市：聯經出版事業股份有限公司 , 2022.06
168 面；14.8×21 公分
ISBN 978-957-08-6291-1(平裝)
2024 年 7 月初版第三刷

1.CST: 漢語教學 2.CST: 寫作法 3.CST: 小學教學

523.313   111004706